The Leadership Skills Handbook

50 Essential Skills You Need to Be a Leader (3rd edition)

领导力技能手册

领导者必备的50项技能

（第三版）

〔英〕乔·欧文（Jo Owen）著

刘常庆 译

北京大学出版社
PEKING UNIVERSITY PRESS

著作权合同登记号　图字:01-2016-0098

图书在版编目(CIP)数据

领导力技能手册:领导者必备的50项技能:第3版/(英)乔·欧文著;刘常庆译. —北京:北京大学出版社,2019.4
　ISBN 978-7-301-30402-0

Ⅰ. ①领… Ⅱ. ①乔… ②刘… Ⅲ. ①领导学—手册 Ⅳ. ①C933-62

中国版本图书馆CIP数据核字(2019)第043595号

Ⓒ Jo Owen 2006,2012,2014
This translation of *The Leadership Skills Handbook* (3rd edition) is published by arrangement with Kogan Page.

书　　名	领导力技能手册:领导者必备的50项技能(第三版) LINGDAOLI JINENG SHOUCE:LINGDAOZHE BIBEI DE 50 XIANG JINENG(DI-SAN BAN)
著作责任者	〔英〕乔·欧文(Jo Owen) 著　刘常庆 译
责任编辑	刘秀芹
标准书号	ISBN 978-7-301-30402-0
出版发行	北京大学出版社
地　　址	北京市海淀区成府路205号　100871
网　　址	http://www.pup.cn　新浪微博　@北京大学出版社
电子信箱	sdyy_2005@126.com
电　　话	邮购部 010-62752015　发行部 010-62750672　编辑部 021-62071998
印　刷　者	北京鑫海金澳胶印有限公司
经　销　者	新华书店
	730毫米×1020毫米　16开本　15印张　208千字 2019年4月第1版　2020年5月第2次印刷
定　　价	52.00元

未经许可,不得以任何方式复制或抄袭本书之部分或全部内容。
版权所有,侵权必究
举报电话:010-62752024　电子信箱:fd@pup.pku.edu.cn
图书如有印装质量问题,请与出版部联系,电话:010-62756370

目 录

致谢 ……………………………………………………………… 1
引言 ……………………………………………………………… 3

第一部分 思维技能

1. 积极的领导 ……………………………………………… 9
2. 责任 ……………………………………………………… 12
3. 胸怀大志 ………………………………………………… 14
4. 有勇气 …………………………………………………… 16
5. 适应性强 ………………………………………………… 18
6. 创造幸运 ………………………………………………… 20
7. 管理压力 ………………………………………………… 22
8. 诚实 ……………………………………………………… 25
9. 自我认知 ………………………………………………… 27
10. 努力赢得成功 …………………………………………… 30

第二部分 职业技能

11. 了解自己 ………………………………………………… 35

12. 了解他人 ………………………………………………… 38
13. 了解自己如何影响他人 ………………………………… 41
14. 找到你的成功法则 ……………………………………… 46
15. 领导力之旅：关键原则 ………………………………… 48
16. 管理你的领导力之旅：地图 …………………………… 51
17. 规划你的职业生涯 ……………………………………… 53
18. 职业生涯与职业探索：避开灾星 ……………………… 56
19. 为何得不到晋升？ ……………………………………… 60
20. 领导力马拉松 …………………………………………… 62

第三部分　人际技能

21. 授权 ……………………………………………………… 67
22. 激励 ……………………………………………………… 71
23. 推销 ……………………………………………………… 78
24. 引导 ……………………………………………………… 88
25. 管理期望 ………………………………………………… 92
26. 向上管理 ………………………………………………… 96
27. 奉承 ……………………………………………………… 100
28. 管理专业人士 …………………………………………… 102

第四部分　关键时刻技能

29. 学会说"不" …………………………………………… 107
30. 冲突管理 ………………………………………………… 112
31. 危机管理 ………………………………………………… 120
32. 对付霸王 ………………………………………………… 123
33. 负面反馈 ………………………………………………… 126

34. 倾听反馈 ………………………………………………… 130
35. 出击 ……………………………………………………… 134
36. 权力 ……………………………………………………… 136
37. 管理逆境 ………………………………………………… 138

第五部分　日　常　技　能

38. 阅读 ……………………………………………………… 143
39. 写作 ……………………………………………………… 145
40. 演讲 ……………………………………………………… 148
41. 讲故事 …………………………………………………… 153
42. 倾听 ……………………………………………………… 157
43. 玩数字 …………………………………………………… 160
44. 解决问题 ………………………………………………… 162
45. 时间管理 ………………………………………………… 167

第六部分　组　织　技　能

46. 在不确定情况下作决策 ………………………………… 173
47. 影响决策 ………………………………………………… 175
48. 谈判 ……………………………………………………… 178
49. 建立关系网 ……………………………………………… 184
50. 有效会议 ………………………………………………… 189
51. 项目 ……………………………………………………… 191
52. 管理预算 ………………………………………………… 197
53. 做广告 …………………………………………………… 199
54. 管理变革 ………………………………………………… 202
55. 组织重组 ………………………………………………… 206

56. 创建愿景 209

第七部分　价值观和行为

57. 成为大家想要追随的领导者 215
58. 为何当不好老板？ 217
59. 掌控 219
60. 专业的领导 221
61. 礼仪 223
62. 实践价值观 225
63. 雄心壮志 227
64. 努力工作 229
65. 学会领导 231

延伸阅读 233

译后记 235

致 谢

本书集结了上千位领导者在调查、专访和真实经历中所贡献的知识、智慧和经验。在此我要特别感谢加入英国 Teach First 计划的那些杰出的未来领导者们,他们对本书中的很多观点进行了有效的测试和挑战。等他们以后真正成了领导者,我们的未来一定会更加美好。

我写这本书,要特别感谢 Kogan Page 出版公司的海伦(Helen)给予我的鼓励。伦敦商学院的奈杰尔·尼克尔森(Nigel Nicholson)教授慷慨地贡献了时间和真知灼见,并热情款待了我;剑桥大学的尼克·拜利斯(Nick Baylis)博士通过积极的心理学研究,在领导力领域开辟了全新的视野。

本书如有任何错误,将全部归咎于我:我本应从这样一群了不起的人那里获得更好的支持和见解。

更要感谢我曾在世界各地服务过的公司和其他类组织。工作实践中的领导力是无法取代的,它绝不像书本上所描述的那么简单。我要感谢的公司和其他类组织如下:

荷兰银行	阿姆斯壮世界工业
埃森哲	英杰华
Achievement for All	巴克莱银行
全球人寿	英国电信
空中客车	凯捷咨询
阿里科	印尼中央银行

美国运通	Chase Group
苹果电脑	花旗集团
英国皇家检控署	飞利浦
宝洁	爱德思
高通	美国电子数据系统公司
苏格兰皇家银行	Future Leaders
能多洁	Gemini
RHM	谷歌
皇家太阳联合保险	贺曼贺卡
沙特基础工业公司	HBOS
生力啤酒	HCA
SDP	IBM
Skype	伊藤忠
赛门铁克	劳埃德银行
Start Up	美林
STIR	大都会人寿
环球银行金融电信协会	三菱化学
孟山都	Teach First
英国国家航空交通服务控股公司	Teaching Leaders
南洋商业银行	Thorn Rental
英国国家医疗服务体系	瑞银集团
北欧银行	联合利华
挪威乳业协会	美国联合碳化物公司
苏黎世金融服务集团	

引 言

就像试图回答"某员工怎么样"这个问题一样,大多数关于领导力的书都试图回答这样一个问题:"什么是好的领导?"由此引发了不少争论,并得出了各种各样的结论,因为领导者像员工一样千姿百态,各不相同。

但本书却不一样,它从"你如何学习领导"这个问题开始,研究了一千多位在公共部门、企业和志愿组织的各个层级任职的领导者,他们的答案非常明确:领导力不是从课程中学来的,而是从经验、老板、同行、榜样中学来的。有些经验是正面的,我们可以尝试去复制有效的行为;有些教训是负面的,我们看到老板或者同行惨烈"牺牲",然后默默地告诫自己不要犯同样的错误。

从经验中学习有一个问题:它是随机的。如果遇到的是好的榜样和经历,你就会学到好的经验。如果遇到的是不好的榜样和经历,你就会学到错误的经验。没有多少人有幸依赖随机性而成为领导者。本书将帮助你剔除经验中的随机性。它将给你一个从经验中观察和学习的框架,这种框架从随机体验中去除了一些随机性,让你比同伴学得更快、更好。本书是一份让你快速成为领导者的指南。

我们的研究确定了领导者必须具备的主要实践技能。没有一个领导者具备所有这些技能,但是你需要培养一些突出的优势——你也不想在任何领域都失败吧。

本书并没有给出一成不变的成功法则。你不必成为纳尔逊·曼德拉、成吉思汗或者特蕾莎修女那样的成功人士。本书允许你创造自己的成功法则。你的成功法则将体现在两个方面，它在你的部门、组织和专业中行之有效，同时对于你作为一个个体也行之有效。

> **领导力迷局**
>
> 关于领导力，有两条死胡同。一条是尝试着做别人。我们不可能集丘吉尔、甘地和亚历山大等所有伟人的特质于一身（虽然有些人认为他们已经很优秀了），我们必须忠于自己。另一条死胡同就是简单地做自己，而希望世人能认识到我们的天资和领导才能。这种方式可能会以无尽的等待而告终。
>
> 因此，现在有一个问题：我们不能通过成为别人而成为一个领导者，也不能通过做自己而成功，那么我们应该如何解决这个困境呢？答案就是我们必须成为最好的自己。本书将指导大家如何做到这一点。它将帮助你发现、建立和利用你的优势。你不必牺牲自己的个性，你可以根据自己的条件做一个领导者，而不是按照伟人的理论，照着大师的模子来做一个领导者。

本书将帮助你剔除在成为领导者的过程中出现的随机性，主要介绍领导者需要开发的核心技能。每一项技能都有一个框架，帮助你思考如何在理想的情况下使用该项技能；同样重要的是，你要注意并从自己的亲身经历中学习，了解这项技能在什么地方应用得好，什么地方应用得不好。你要着重思考它有效或者无效的原因。当你观察和记录运用技能的真实案例的时候，你将在自己独特的环境中建立起自己的成功法则。

你可以利用本书来创造你独特的领导力基因。理想化的领导总是不如实际的领导：本书究竟有没有用要取决于你所处的实际情况。只有在你把它当作一个积极有效的工具时，这本书才算是有用的。当你面对一项不熟悉的挑战时，回顾一下这本书以及你的笔记。用好这本书，它将成为你领导者之路上的私人向导和教练。

英国特许管理学会（Chartered Management Institute，CMI）将本书评为"2013年度新任经理人必读书籍"。这次投票结果给了我充分的信心来继续这个项目，以帮助新任经理人更快地成为更好的管理者。此次修订不仅仅围绕着每个管理者需要掌握的"如何做"的技能，更注重于大多数成功管理者的思维模式。这里指的是心态和信念，就像技能一样，把"伟大的管理者"和"好的管理者"区分开来。

最后，世界顶级运动员们身上有一点很值得我们学习。每一位金牌得主都是在某个领域最顶尖的，他们不懈地集中精力在一件事情上，做到最优秀。他们不会专注于自己的弱项。没有人会要求举重运动员提高花样游泳的技能。领导者就像运动员一样，不可能在每一件事情上都成功。他们必须专注于自己的优势，坚持不懈地实践，并找到能够充分发挥优势的环境或领域。作为一个管理者，你肯定拥有某些特殊的天赋。要专注于你所擅长的领域，找到你能发挥特长的环境。

第一部分
思维技能

1. 积极的领导

组织的基层人员中总有很多愤世嫉俗的人。这些愤世嫉俗的基层和中层管理人员往往都是这样:愤世嫉俗,级别较低。我们研究发现,高效的领导者从来不会对工作、组织,对自己或者自己的生活持有愤世嫉俗的态度。他们对每件事都保持积极的态度。

积极不同于嬉皮士的口头禅"要开心,别担心"。积极是一种心态,要做到:

- 着眼未来,而不是回顾过去;
- 专注于行动,而不是分析;
- 看到可能性,而不仅是问题;
- 掌握控制权,而不是受控于人;
- 创造多种选择,而不是接受现状。

有些人可以很自然地做到这些。而对于我们大多数人来说,这些习惯是可以通过学习获得的。当你身处困境,你会选择表1.1中哪一套问题在脑海中反复思考?不断地问自己领导者思维模式下的这些问题,你就会像一个积极有效的领导者那样行事。

表 1.1　问正确的问题

领导者的思维模式	下属的思维模式
有哪些可能的解决方案/选择/前进之路？	出现了什么问题？
我现在可以做什么来重新掌控局面并增强解决问题的动力？	为什么会让我来担任这个职位？
我需要谁的支持？我怎样得到他的支持？	是谁把这件事情搞砸的？谁来纠正错误？
我能从中学到什么？	我怎样才能不受责备？

在研究过程中，我们发现了一些体现优秀领导者积极思考的例子：

- 一个纵火犯烧掉了学校的一幢楼。校长认为这是一个很好的机会，可以以她想要的方式来重新设计并重建学校，而费用却由保险公司来支付。据我们所知，她与纵火事件无关。
- 一家跨国公司位于日本的子公司一年亏损了 200 万美元，大家的工作岗位都岌岌可危。这家日本子公司的领导人说服总部，每年投资 200 万美元来发展该子公司。总部认为这个提议很好。亏损（坏事情）被奇迹般地转化为投资（好事情），皆大欢喜。
- 一位政治家会见选民，总是想对他们说些好听的话。一个人走上前来，说自己是当铺老板，并问政治家能否对此行业作出什么积极的评价。"太棒了……典当业始于几百年前……你是唯一为穷人提供资金服务的人。你提供的服务很重要，并且很有历史意义。"当铺老板开心地消失在大街上，政治家的包里又多了一票。

> 愤世嫉俗的基层和中层管理者往往都是这样：愤世嫉俗，级别较低。

笔记:_____
_____
_____
_____

2. 责任

"责任"两个字在管理学中已经被用"滥"了。一谈到责任，大多数人心里都会不禁一沉：这很少是一个积极的话题。

它可以被高层管理者拿来向团队成员施加负疚感："记住！你要对这个项目的结果负责任。"它也可以被当作狭隘的政治工具，用来界定和捍卫自己的权利和义务："这是我的责任（职责）。如果我需要你的帮助，我会向你求助的。"它还可以被循规蹈矩的人用来规避责任："我不能做这个，这不是我的责任范围，让我去做就违反原则了。"

所以，不要去管组织是怎样滥用"责任"二字的，而是专注于责任对于你作为一个领导者具有怎样的意义。有三件事情是所有领导者必须为之负责的，也是很多人为之奋斗的：

1. 你要为自己的职业生涯负责。如果你在一个糟糕的组织里，做着一份糟糕的工作，有一个糟糕的老板，谁应该为此负责？只有当你对自己的命运负责的时候，你才能开始掌控命运。有时候，你的选项可能非常不好，但是你总归还是有选择权的。

2. 你要为发生在自己身上的事情负责，即使是坏的事情。在五年内，我第一次被骗了50万美元，然后是500万，最后是5000万。所以我也取得了进步：灾难越来越大，越来越有意思。一开始我责怪骗我的人，后来才意识到：如果我是一名受害者，是因为自己愚蠢才会受骗。一旦你承担起责任，你就会掌控一切，开始进步。在那之前，你只是这残酷世界的一个受害者。领导者从不让自己成为受害者,他们是控制者。

3. 你要为自己的情绪负责。情绪才是真正的凶手。研究表明,悲观主义者的生活质量要比乐观主义者的生活质量差,寿命也更短。如果你想对同事感到愤怒,表现出沮丧和不开心,那是你的自由——并没有任何法律规定你必须怎样做。如果这样想的话,你的情绪可能会影响到你的同事,事情只会变得更糟。否则,你可以感到平静、积极,专注于行动——你的同事也可能会作出更好的回应。重新训练本能反应和情绪需要花一定的时间,但这是可以做到的。起点就是要意识到你的感觉是你自己选的,一定要选对。

虽然这三件事情都是明摆着的,但就是因为它们太明显了,以至于人们很难看到,尤其是当情绪压倒理智的时候,内心在激烈地挣扎或是掉进了绝望的深渊。正如乔治·奥威尔所说:"为了看清眼前的东西,更需要付出持续的努力。"

> 如果你能看到这些并付诸行动,你不仅能成为更好的领导者,而且会活得更好,寿命更长。

笔记:

3. 胸怀大志

　　低的目标自然是会实现的。如果你认为自己达不到某个目标,那你肯定就达不到。你的志向为你设定了上限,决定了你能有多好的表现,能够走多远。

　　你可能认为身处高位的人缺乏天赋或能力。胸无大志的人只会抱怨。而胸怀大志的人会意识到自己有能力比他们做得更好:要设法进入领导层。世界上伟大的企业家都拥有雄心壮志,他们敢于从大处着眼,并努力赢得胜利。

　　雄心壮志本身只是一个白日梦。我们都可以梦想成为顶级音乐家、体育明星或者亿万富翁,但光有梦想是不够的。每一位顶级体育明星都经历过长时间的刻苦训练,实现远大志向需要个人付出巨大的努力。

　　雄心壮志应该延伸到你所做的每一件事情。"已经很好了",这是失败者的座右铭。尤其在当今社会,工作趋向于模糊、开放性,雄心壮志意味着要不断地挑战自己,要做得更好,学得更多,并实现卓越。

　　如果你想打造一个高绩效的团队,不要害怕期望设定得过高。通过设定较高的期望,你可以帮助团队取得更多成就,团队发展得也更快。如果你支持并帮助他们,他们会感激自己身处一个高绩效的团队,而不是一个二流团队。

　　事实上,自满是雄心壮志和高绩效的死敌。在很多组织中,超过90%的员工被评定为中等以上。这在统计学意义上是不可能的,但是在情感上却又不可避免:没有人喜欢自己处于中下水平。我们来做一个测试,你觉得你在诚实、努力、才干、驾驶技术和性爱能力等方面处于平均水平之上还是之下?很少有人会将自己评定为平均水平之下。但是如果我们认为自己已经高于平均水平,就会觉得没有多大必要提高了。因此,让短跑运动员和其他运动员取得更好的成绩是很难的,尽管我们缺乏客观的证明数据。

要使梦想成为现实,你需要问自己几个简单的问题:

- 想在五年(或十年)之后去哪里?
- 考虑到现在正在做的事情,五年(或十年)之后我将在哪里?
- 为了实现目标,我需要作些什么改变(例如,学习技能,适应新的角色和经验)?
- 我是否准备好去做那些需要花费时间和努力,要承担风险的事情?
- 那么我现在需要作些什么改变?

如果你对自己的表现感到满意,那么你的志向就还不够宏大。如果有勇气挑战自我、测试自我、学习和发展,我们都能够做得更好。

笔记:_____

_____

_____

_____

4. 有勇气

如果你只是随大流,你就永远不会成为首领。随波逐流可以让你拥有一份平静且相对安全的职业。但是如果你想成为领导,就得承担点风险。

在任何一个组织中,都有一些关键时刻,有些人出类拔萃,有些人畏缩不前。出现危机了,却没有人知道应该做什么;有新的想法和项目时,需要一个领袖来主导;还有一些时刻,需要确定方向,但却没有方向。这些都是领导者站出来、下属退后的时刻。

幸运的是,勇气并不是与生俱来的,你可以学会勇敢。当有人建议说消防员必须要勇敢地进入正在燃烧的建筑物时,消防队长勃然大怒:"我不需要勇敢的消防员。勇敢的消防员会很快地去送死!"那么,他是如何让新兵去做我们大多数人认为勇敢和危险的事情的?首先,让他们学会如何搭云梯;随后训练他们安全地爬上去几英尺;接下来让他们应对燃烧着小火的桶;然后逐渐增加他们爬的高度,让火焰也变得越来越大。最终,这些新兵成为训练有素的消防员。

和消防员一样,管理人员也是如此,可以从点滴开始学会勇敢。我们通常在工作之外会表现得更加勇敢一些,因此可以利用家庭经验,或是志愿服务的经验,学习如何坚定立场、推动新的想法以及带头前进。在工作中,志愿参与项目——这是学习和发展的好机会。学会维护自己的利益;正面应对别人的胡言乱语,而不是事后在办公室闲聊时不停抱怨。

勇气是一步一步建立起来的,这意味着一开始只要承担很小的风险。

勇敢的管理者就像勇敢的消防员一样,他们冒着"早逝"的风险。一旦你知道如何承担较小的风险,你就可以从容地承担更大的风险了。当你熟悉风险并知道如何管理它们时,它们就不再是风险了。

- 在过去的三个月里,你是否把自己推到了舒适区之外?
- 你学到了什么?你如何提升自己?
- 在接下来的三个月里,你想把自己推到哪里?

笔记:

5. 适应性强

碳年代测定法是测定化石成分的一种好方法。音乐是测定年龄的一种好方法。当被问到最喜欢的音乐和乐队时,大多数人会准确地暴露出他们的年龄:喜欢酷玩乐队和史密斯乐队的人,比喜欢大门乐队和恐怖海峡乐队的人年轻,但是比蕾哈娜的粉丝年长。如果你仍然喜欢辣妹组合,那就别说话了。

电影、书籍和管理亦是如此。有一段时间,我们努力学习、吸收和改变,然后……然后我们就有了僵化的危险,变成了一个生活在我们这个时代的"化石"。我们都遇到过一些管理者,他们用血淋淋的教训告诉你:这些他们以前都见过,以前没有用,现在也不会有用。但是,在快速变化的世界中故步自封,对于你的职业生涯来说太危险了。

大多数管理者在职业生涯早期就学会了一条成功法则。他们通过观察同事和老板如何取得成功或者把事情搞砸,从中吸取经验教训,复制成功经验,避免错误发生。但问题是,成功法则在职业生涯中并不是一成不变的。例如,当你在一家公司中不断晋升,公司对你的期望也会随之发生变化:

- 入门级:努力工作;可靠;提高专业能力。
- 一线经理:授权、激励、监督和发展员工。
- 中层管理者:让管理职责之外的人做事情;发挥影响力;建立同盟;制订日程;解决困境和目标冲突。

- 总经理:有战略眼光;良好的沟通能力;应对外部高级别人员;有经济头脑。

随着不断晋升,你必须学习其他职位的相关知识和技能:营销人员必须了解财务和人力资源;信息技术人员必须了解顾客和市场等等。要想成功,你必须不断学习、成长和发展。如果你在50岁时仍在为年度审计做盘点工作,即使你盘点做得再出色,仍然没有合适的技能成为合伙人。你可以让自己的音乐品味保持不变,但不能让技能保持不变。

自我测试
- 在过去的三年里,你掌握了什么新技能?
- 在你职业生涯的下一个阶段,你需要什么新技能?
- 你正在学习将来需要的技能吗?

笔记:_____
_____
_____

6. 创造幸运

所有成功的领导者都承认自己很幸运：他们为自己创造了幸运。问题是，如何为自己创造幸运呢？试一下"4P"法则吧：

1. 练习（Practice）。练习得越多，就会变得越幸运。像打高尔夫，把一杆入洞变为两杆入洞，两杆入洞就会容易得多。练习能把运气转化成技能。

2. 坚持（Persistence）。失败与成功的区别在于是否"放弃"。挫折是很好的学习经历，大多数领导者和企业家都遭受过很多挫折。

3. 准备（Preparation）。如果你不知道自己在寻找什么，你就永远找不到。知道自己想要什么，然后坚持不懈地寻找。

4. 积极的态度（Positive Outlook）。要寻找解决方案，而不是专注于问题。要付诸行动，而不是只进行分析。要对自己有信心：如果你自己都没有热情，别人也不会有热情。不要陷入消极的文化中。所有这一切都意味着，幸运是可以习得的。

专注于运气

回顾你经历过的所有挫折。你觉得自己幸运吗？回顾你过去的所有成功和死里逃生的经历。你还觉得自己不走运吗？运气在很大程度上是一个自我感知的东西。

看一下你现在面临的所有问题,是不是感觉不大好?再看一下你拥有的选择,以及你如何实现它们,是不是感觉好一点了?现在你要做的是知道如何将你的想法付诸实践,然后采取行动。

我们来看一些成功的企业家,他们的想法是不是很明确?你我其实也可以做到。企业家并非都有过人的智商和情商,所以我们应该能做得比他们更好。现在,有人正在将下一个明确的想法转变成为巨大的成功。为什么那个人不是你呢?

> 领导者为自己创造幸运。

笔记:___

7. 管理压力

你是否发现自己很难入睡？并不是你一个人会这样。管理者和领导者都有"压力流行病"，它直接来自于工作性质的改变。在过去，工作和休闲是分开的。如果商务人士背着一个公文包，里面装的一定是三明治和报纸，那时候完全没有电子邮件和互联网的束缚。但是现在，工作和休闲是混在一起的：我们在工作时做私人事情，然后又在家继续工作。

更糟糕的是，工作开始变得模糊。你永远不清楚作为一个领导者，你的工作什么时候能够完成，总是有更多的事情让你去做。如果你写一份报告，它可以是两页，也可以是两百页。即使是已经写了两百页，总是还有一个事实或观点要去收集，有一项分析要去做。所以，即使我们离开办公室，办公室也不会离开我们。每天晚上都有大批做领导的人在思考，而不是在睡觉。

应对压力有几种激进的方法：

- 退隐，开始经营素食农场。
- 出家当和尚。
- 去看心理医生，或者成为心理医生。

除非我们想失去房子和家庭，否则大多数人都不会任性地去选择这些方法。所以，我们需要一些更实用的方法。这里介绍五种应对压力的方法：

1. 学会控制。内在压力和外部压力的区别在于是否掌握了控制权。

你工作很努力,如果凡事都在你的掌控之中,你可能会感到疲劳,但内心不会有压力。现在把控制权拿走:你不再能控制任何决定未来的事情。你内在的压力水平就会突然飙升。这里有一个诀窍,就是要专注于你能控制和影响的事情:如果你能做点什么,那就去做;如果你什么都做不了,也不必徒然为此担心。即使它只是一件小事情,也要去做,让自己有掌控的感觉,给予自己希望。对于你无法控制的事情,就不要去徒增担忧了。

2. 把工作与生活分开。你不必在半夜或假期里回复电子邮件。要适当地设置壁垒,并与同事们约法三章。"科学管理之父"弗雷德里克·泰勒发现,有规律的休息不会中断生产:让工人们在休息充电后再重新投入手头的工作,生产力反而得到了提升。如果你每个星期甚至每一天都有明确的目标,就很容易把工作和生活分开,因为你知道什么时候达到了一个里程碑,可以歇息一会儿;如果没有明确的目标,你的工作永远也做不完,因为你永远都达不到目标。

3. 获取帮助。完成某件事最简单的方法就是让别人帮你做。这叫作授权。授权是一种显示你对团队成员的信任,并帮助他们成长和发展的很好的方式。不要事必躬亲,你的团队不会因此而感谢你,因为你抢占了所有有趣的工作。去找一个教练,一个可以聊天的朋友或家人。有人分担,问题减半。通常,通过聊天这一简单的行为,就会使挑战迎刃而解。

4. 角色定位。有些工作角色天生就比其他角色更有压力,而很多人却享受这种高强度的工作:嗜好压力的人需要有压力的角色。如果你并不嗜好压力,而你所担任的工作中,压力正好是工作的一部分,你可能需要考虑自己是否适合这份工作。

5. 保持洞察力。多年来,因为一些紧迫而重要的工作时机,我错过了很多重要的家庭活动。我现在已经记不清那些奋战到底是为了什么,但我仍然为错过家庭活动而感到愧惜。其实,没有你地球照样转。所以,要知道孰轻孰重,并采取相应的行动。

笔记：

8. 诚实

对于一名领导者而言,诚实不仅关乎道德修养,更重要的是为了生存。

谁愿意为你工作?

对比一下你想为他工作的领导,和你被迫为他工作的领导。你想为他工作的领导中,有多少是你不信任的?通常来说,你信任自己的领导,而且你可能只信任那些对你诚实的人。

人们会因为你的权力和地位而不得不追随你,但是你不要天真地认为他们是发自内心地想追随你,除非他们信任你。为了与你的下属建立信任,你必须对他们诚实。有时候要做到完全诚实却很难:即使感到很痛苦,也要立即说出全部真相。大多数政客都通不过这个测试;当然他们也想知道为什么没有人信任他们。

诚实有时候令人为难

如果有人没有达到你的期望,你会立即告诉他,还是顺其自然,寄希望于事情总归会有所改善?

公司正面临困难,你会选择告诉员工,还是担心坏消息会让他们不安而保持缄默?

在这两种情况下,如果不及时采取行动,很容易会给以后的工作造成更大的问题,而不采取行动也会侵蚀你所建立起来的信任。

> 诚实不仅关乎道德修养,更重要的是为了生存。

笔记:

9. 自我认知

没有哪个领导者能具备所有的技能。我们都有缺点,如果老板告诉我们有"发展机会",这基本上是糖衣炮弹;如果是致命的缺点,我们就可能会被告知有"发展挑战"。

高效的领导者能够敏锐地认识到自己擅长什么,不擅长什么。承认自己不擅长什么需要很大的自信、自我认识和谦逊的态度。但这是采取行动的第一步。

所有的领导者都有缺点。但幸运的是,领导是一项团队运动。要想成为一个好的领导者,第一步就是组建一个好的团队。一个无效的团队只是领导者的翻版,而一个高效的团队能在技术实力和个人风格上与领导者形成互补。

如果有自我认知,领导者就会专注于自己的显著优势。正如我们都有弱点一样,我们也都有优点。其中的诀窍就是要知道自己最擅长做什么,然后多做一些自己擅长的事情。而薄弱的方面则通过组建团队和授权来解决:如果你在税务管理方面不大在行,那么就找一个会计来帮你做这些事情。

自我认知在日常生活中也非常重要。我们都有过这样的经历,有的人在会议上啰哩啰唆,没完没了,完全没有意识到别人的不耐烦和愤怒;我们看到有人游离在外或者忍不住发火。好的领导者不会这样做,他们有一种"分身"的能力,能够从外部视角审视自己。他们就像变身为墙上的一只苍

蝇,观察自己的行为,问自己一些简单的问题:
- 如果我是听众,我会有什么反应?
- 其他人会有什么反应?
- 人们想听什么,需要听什么?

而对于经验不足的管理者,他们的内心对话则完全不同:
- 怎么才能让别人接受我的观点?
- 我希望他们闭嘴,这样我就能表明我的观点。
- 为什么这些白痴完全不理解我说什么呢?

有高度自我认知能力的管理者能够敏锐地察觉到别人的态度,并通过他人的眼光来看待自己。而缺乏自我认知能力的管理者只会带着偏见来看待自己的世界。

> 承认自己不擅长做什么需要很大的自信、自我认知和谦逊的态度。

建立自我认知

准备一份清单,诚实且谦虚地列出在以下方面你擅长什么,不擅长什么。

- 技术技能;
- 人际和领导技能;
- 个人风格。

然后,找一个你认识并信任的人和你一起审阅这份清单。你们也可以互相审阅,作为一个双向练习。最后,回顾一下团队的优点和缺点:是否心理平衡了些?

没有领导者能具备所有的技能。

笔记:

10. 努力赢得成功

运动员和领导者一样,如果从事的是弱势项目,老是想象着失败,就不会获胜。他们之所以能赢得比赛,靠的是建立自己的优势,不断刻苦练习,脑海中一直想象着成功。相比运动员,领导者有一项特殊的优势:可以授权他人来弥补自己的弱点。从中我们得出了以下四条简单的法则,帮助你努力赢得成功:

1. 发挥你的优势。了解你擅长什么,以及在什么背景之下能发挥长处(职业、公司和项目)。

2. 想象成功。这一条在面临有压力的大事件时尤为重要。仔细研究事件的每一个步骤,想象一下成功会是什么样子,什么感觉,什么味道,什么声音,尽可能生动地进行演练,然后把梦想变为现实。

3. 像成功者一样思考。记住所有赢得成功的瞬间,不断让自己重温那种心境。当你坚信自己会成功,你就一定会成功。失败是一种自我应验的预测。如果你自己缺乏热情或者没有信心,那么别人也不会对你充满热情或信心。

4. 建立团队来弥补自己的弱点。如果你不擅长会计工作,请放心,会有成千上万的会计师来帮助你。

学会努力赢得成功

列出你的优势和劣势。看看哪些工作能发挥你的优势,同时寻找合作伙伴来弥补你的不足之处。

尝试着想象成功,并尽可能生动地演练成功的样子、声音、气味、感觉和行动。尽可能生动地想象你能取得的最大的成功。你想象自己是什么样子,你就是什么样子。你是一个成功者,所以你一定会取得成功。

> 失败是一种自我应验的预测。如果你缺乏热情或没有信心,那么别人也不会对你有热情或者信心。

笔记:

第二部分
职业技能

11. 了解自己

作为一名领导者,了解自己不需要去印度拜见大师,让他盯着你的肚脐,或者和心理医生讨论童年经历。它只要求你了解自己是如何影响他人的。

不要担心心理医生会把你放进怎样的盒子里。"盒子"是给死人的,而不是给活人的。你要担心的是你如何影响别人。如果理解了这一点,你就会明白什么对自己最重要。

你需要一些用来了解自己和影响他人的方法,不管好用的还是不好用的,有很多心理模型和工具可以用来帮助你,或在某些情况下让你觉得困惑、沮丧。迈尔斯-布里格斯类型指标(MBTI)是一个非常重要的工具。要成为这方面的专家需要很多年时间,这本身就违背了它的初衷。我们不是要成为迈尔斯-布里格斯类型指标专家,而是要成为领导者。

关于这些模型(包括迈尔斯-布里格斯类型指标)有一种普遍沿袭的观点,即没有哪个类型是"不好的"。这是引导者使用的一种虚构说法,以便使自己与所领导的小组融洽相处,就像占星家给出的占星预测总是正面积极的一样,他们不想让付费客户为此不开心。迈尔斯-布里格斯类型指标中的所有类型都有积极和消极的 面。你的风格会对别人产生积极的和消极的影响,因此这两方面都要了解。表 11.1 是修正版的迈尔斯-布里格斯类型指标。

表 11.1　迈尔斯-布里格斯类型指标

类型	描述	积极影响	消极影响
外倾(E)	与他人相处时精力充沛、行动先于思考	传播能量、热情	多嘴、不包容别人
内倾(I)	独处时精力充沛,思考先于行动	思维缜密、给予别人空间	沉默寡言、不容易建立关系
感觉(S)	观察外部世界,注重事实,想法较少	实用、实在、注重细节	枯燥、缺乏想象力
直觉(N)	关注自我、内心世界和想法	有创造力、有想象力	反复无常、不切实际、不现实
思维(T)	深思熟虑,有逻辑性地作决策	有逻辑性、理性、睿智	冷漠、薄情无义
情感(F)	听从自己的内心	有同理心、善解人意	头脑简单、思维模糊、心肠软
判断(J)	有条理,凡事都有时间计划,整洁	遵守职业道德、专注、可靠	洁癖、焦虑、死板、循规蹈矩
知觉(P)	愿意接受多种选择,机会主义	工作与生活平衡、享受工作	懒惰、凌乱、漫无目的、不可靠

确定你的风格

第一项练习是找出你属于迈尔斯-布里格斯类型指标中的哪种类型。

当你看到这一系列积极的特质时,会很自然地认为你拥有所有这些特质。你会发现一个值得怀疑的真相:你是完美的。但是,迈尔斯-布里格斯类型指标测试不会这么轻易地放过你。你必须在外倾和内倾之间,感觉和直觉之间,思维和情感之间,以及判断和知觉之间作出选择。最终,迈尔斯-布里格斯类型指标给你确定的类型变成了这样的缩写:ENTP,或 ISFJ,或 INFP。

如果你仍然难以确定自己的风格,请查看迈尔斯-布里格斯类型指标表格中的负面影响一栏,你会很快发现你最不喜欢的东西。

现在我们给老板也做同样的测试。对于大多数人来说,找出老板的负面影响较为容易。

> "盒子"是给死人的,不是给活人的。

笔记:_____
_____
_____
_____

12. 了解他人

当迈尔斯-布里格斯类型指标被用来有效地影响他人时,我们就看到了它的益处。一个好的团队通常是由不同风格的成员组成的。如果每个人都是外倾型的,那么待在一起要吵翻天了。这种奇怪的组合虽然有成效,但是很难维持下去。最常见的就是在思维型和情感型之间进行权衡。

思维型的人往往只专注于任务和行动;情感型的人只会谈论人,在其他方面不善言辞。你的团队要能够既管理任务又管理人,这就需要认识到每个团队成员最好拥有不同风格,这点很宝贵。表12.1展示了如何与不同类型的人打交道。

表 12.1 与迈尔斯-布里格斯类型指标中不同类型的人打交道

你的类型	他们的类型	他们如何看你	你如何应对
外倾(E)	内向	多嘴、不包容别人	给对方充分的时间思考和说话;问开放式的问题
内倾(I)	外向	沉默寡言、不容易建立关系	提前做功课,避免冷场
感觉(S)	直觉	枯燥、缺乏想象力	接手直觉型的人不喜欢的细节工作
直觉(N)	实感	反复无常、不切实际、不现实	在实际的事情上寻求帮助;与感觉型的人建立联盟
思维(T)	情感	冷漠、薄情无义	试着赢得一个朋友,而不是赢得一场争论

(续表)

你的类型	他们的类型	他们如何看你	你如何应对
情感(F)	思维	头脑简单、思维模糊、心肠软	让思维型的人先思考;然后为成员和人际关系服务
判断(J)	知觉	洁癖、焦虑、死板、循规蹈矩	忽视混乱,静静地专注于实质性的战斗
知觉(P)	判断	懒惰、凌乱、漫无目的、不可靠	清理桌子上的杂物,确保按时递交报告

这里隐藏着一些原则:

- 不要试图成为别人。如果你是一个内倾型的人,就不会突然变成一个外倾型的人,成为派对上的焦点人物。在压力之下,人们通常会求助于其他的行动方式——这往往是灾难性的,因为他们在这种风格上练习得少,很少会有好的结果。所以,还是要忠于自己。

- 不要试图改变对方。了解对方的风格与你有哪些差异。这些差异是积极的。双方合作可能比单打独斗获得更多的成就。直觉型的人会有很多想法,而感觉型的人注重实际,特别是在细节上。你们中一个人像是胸怀美好愿景的大师,另一个人就像是政委,能够将愿景变为现实。这是一种强有力的领导组合。

- 要有耐心。如果你是一个高度专注于任务的人(思维型),而别人从来不和你谈论手头上的关键任务,你会感到非常沮丧。相反,如果这个人一直在谈论关于人的话题,那么他肯定是一个情感型的人。这个组合就很好:你们中有一个人负责完成要做的事情(思维型);另一个人负责处理人际关系(情感型),两个人配合来完成任务。

- 要有意识。大多数人都会卷入各种人际关系和职业关系。我们知道要花费多长时间才能建立起人际关系,但是我们没那么多时间用来建立职业关系。因此,我们需要迅速地了解别人的风格,这样才能快速积极地影响他们。

- 找到适合的工作环境。沃伦·巴菲特说过,"如果一名伟大的经理人加入了一家糟糕的公司,最后大概只有公司的声誉没有变。"工作风格亦是如此：你不可能改变公司的工作风格。所以，你必须找到一种与公司风格相适应的生存方式，或者干脆换一家公司。

> 如果一名伟大的经理人加入了一家糟糕的公司，最后大概只有公司的声誉没有变。

- 组建团队。强大的团队是多元化的。多元化并不是指在监管方面的多元化，也不是象征性地用少数民族面孔来装点年报的封面。多元化是指组建一个各成员在风格、技能和价值观方面能够互补的团队。一支由11名门将组成的足球队，即使门将都很出色，球队也不可能取得好成绩。

> 一支由11名出色的门将组成的足球队，不可能取得好成绩。

笔记：_____
_____
_____
_____

13. 了解自己如何影响他人

所谓领导,就是让别人做事情。这通常意味着让别人去做他们自己不愿做的事情:对于有些人来说,工作不可能像家庭生活或者会见朋友那样有吸引力。

有些领导者认为可以通过强迫来领导别人。的确,强迫在短期内非常有效。当一个抢劫犯拿着刀抵在我的脖子上,向我索要钱财时,我只能被迫服从。虽然他成功地让我做了一些我不愿做的事情,但这不是理想的领导模式,他得到的是服从,而不是承诺。

强迫和服从是19世纪的标准领导模式,老板发号施令,工人们干活。到了21世纪,工人的受教育程度有所提高,需求也变得多元,就需要不同的领导模式。我们都经历过这种折磨,老板还在用19世纪的领导方式来领导我们。发号施令是一种懒惰的领导模式,也是一种无效的领导模式。

要成为一个高效的领导者,你需要超越这种强迫和服从的领导模式。你要从下属那里获得承诺和支持。如果你不理解他们,就无法获得他们的承诺,也不会了解你应该如何影响他们。

我们从迈尔斯-布里格斯类型指标中看到,了解他人可以是一种全职工作。实际上,我们没有时间对遇到的每个人进行全面的心理分析。作为实践中的领导者,我们需要一些捷径来帮助理解所遇到的人以及他们的行为。

风格指南针(The Style Compass™)是一种快速而简单的方法,用来思考如何影响他人。在以下这项练习中,找一个你想要影响的人。你应该将老板作为选项之一进行充分练习,所以尝试一下吧。

风格指南针

第一步是确定人的性格有哪些重要方面。这里有一些典型的特征,实践中的领导者们认为这些特征对于检验与他们打交道的人很重要:

- 以人为中心与以任务为中心;
- 以过程为中心与以结果为中心;
- 承担风险与规避风险;
- 把握大局与注重细节;
- 文字与数字;
- 口头沟通与书面沟通;
- 归纳与演绎;
- 机智与愚钝;
- 敏感与迟钝;
- 控制与授权;
- 快与慢;
- 开放与抵制;
- 早上与下午;
- 正面积极与愤世嫉俗;
- 善于分析与专注于行动。

以下是心理医生认为很重要的几个维度。这些维度在分析上相当严谨,而心理学的每个分支都认为自己的一套维度是最真实、最有意义和最具相关性的。这里将由你自己来决定哪些维度对你最有用:

- 知识与本能;

- 孤独与依恋；
- 理想主义与实用主义；
- 机灵与稳重；
- 进取与保守；
- 非传统与传统；
- 未来导向与过去导向；
- 适意与强迫；
- 热心与敌对；
- 善于接受与独断专行；
- 顺从与专横；
- 寻求认同与寻求快乐；
- 敏感与不敏感；
- 乌托邦与唯物主义。

第二步是在指南针上画出人物的特征，如图 13.1 所示：

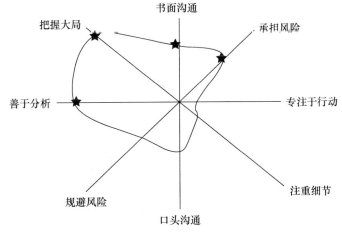

图 13.1　老板的风格指南针

在绘制风格指南针的时候，要专注于对对方来说最重要的维度，而不是你自己。维度可以是你认为的任何最重要的东西。在这张图中，五角星标注的交叉点代表老板非常善于分析，喜欢把握大局，是一个冒险家，喜欢书面交流。

第三步是将自己的风格绘制在老板的风格指南针上(见图13.2,老板的用实线,你的用虚线)。如果你的图形和老板的图形正好重合,那么恭喜你;在更多的情况下,你得弄清楚怎样才能与老板的图形相一致。

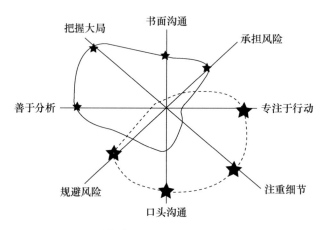

图13.2 风格指南针:老板的图形与我的图形对比

在上面的例子中,我和老板的图形非常不同,说明我们这个工作组合虽然非常有效,但是相处会比较困难。在画完这个风格指南针之后,我意识到自己需要去适应老板的风格。我要准备更多的书面材料,因为比起口头汇报,老板更喜欢书面交流。我要关注全局,并且以大量的分析来解释为什么大局是正确的。我还要抑制自己喜欢实干的本能,直到大局确定,否则老板会认为我在浪费时间做错误的事情。很自然地,我认为老板是在浪费时间去作分析,原本我们早就可以采取行动了。当我成为老板的时候,事情就会不一样了。但是现在,我得遵守老板的游戏规则,而不是我自己的游戏规则。

> 强迫并不是理想的领导模式。
> 他得到的是服从,而不是承诺。

笔记:

14. 找到你的成功法则

成功法则和生存法则都取决于组织和环境。拿冒险来说，它对于投行来说是命脉，而对于公务员来说是克星。对前者来说，不去冒险就无法生存；而对后者来说，冒险可能是死路一条。

以下这项练习对于你非常关键却又非常困难。

找到成功法则

在你的组织中，成功的法则是什么？

提示一：看一下那些得到晋升和拿到高额奖金的人，他们做了些什么？不要去看正式的评估标准，那些只是人力资源部门工作人员的工具。

提示二：思考以下这些该如何权衡。

- 冒险与不犯错误；
- 实现结果与遵循流程；
- 老板吩咐什么做什么与超出预期；
- 富有创造性与可靠；
- 增加收入与控制成本；
- 利润最大化与道德体系最大化；

- 做一个无私的团队成员与成为明星；
- 竭尽自己所能与不惜一切代价保持清醒；
- 提出交涉与履行承诺；
- 在销售/财务/产品/公司的权力基础部门工作；
- 找到合适的赞助人/权力大亨/项目；
- 学习高尔夫与学习会计；
- 与你的情况相关的其他标准。

你可能不喜欢所在组织的成功法则,觉得为了成功而出卖灵魂并不值得。即使你不喜欢它的成功法则,也不要抱怨。省点力气吧！要么调整自己去适应,要么闹情绪离开组织。

> 闹情绪不是成为领导者的好途径。

笔记：_____
_____
_____
_____

15. 领导力之旅：关键原则

你的潜力是由你的志向和能力两方面决定的。（见图 15.1）

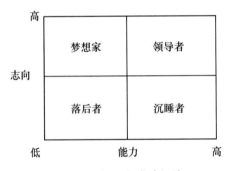

图 15.1　领导力成功矩阵

我们首先假设，因为你买了这本书，并且花了很多时间阅读，你已经表现出一个领导者应有的志向。胸无大志的人一般不会来读这本书，所以你可以把自己放在图 15.1 的上半部分。同样，我们也假设你很有才能。现在唯一的问题是，你是否具备成为一名高效领导者的才能。

学校里教授的那些如何成为领导者的技能都是错误的。在学校里，你是自己一个人努力去实现既定的目标，而且这个目标已经有了正确的答案。等着别人设定目标的领导者都认为所有的答案都是合理的，而且都是单打独斗，这样是不可能成功的。领导者要做的是制订议程（设定目标，而不只是接受设定好的目标），在复杂的公司政治环境中工作，以及与他人紧密合作。但是，学校里是不会教大家这些的。所以说，商学院在这方面的教学是非常失败的。同时,大多数公司的培训要么是技术培训(如会计和操作系统),要么就是组织拥抱大树、造木筏和团队建设等活动,实际效果并不理想。

在现实中,没有人会教你怎么当一个领导。你必须通过经验和观察来了解怎样当一个领导。为了帮助你构建领导力之旅,请看图15.2。这张图描绘的是在你面前的整个领导生涯。

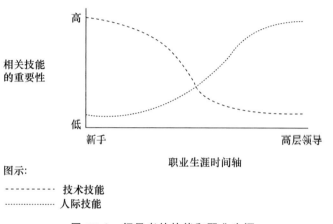

图 15.2　领导者的技能和职业生涯

大多数人刚开始工作时,学习的都是一些基本的技能,即每个行业的独特技能,如会计、法律、信息技术、财务分析、心理学或第三方资产抵押回购市场交易。你可以凭借技能来发点小财——英超球员球技精湛,薪水高,但他们不是领导者。

技术或技能有一个陷阱。很多人会把被给予机会处理更复杂的技术问题或者解决其他人搞不定的问题当作晋升。这不是领导,领导是要让别人去做事情,而不是自己做。CEO不可能解决组织中从电脑解锁到接待增值税检查等所有问题。

领导者都有很强的人际交往能力。人际交往能力包括这本书中所涵盖的各种技能:授权、激励、影响、解决冲突、建立团队、设定目标和领导变革。对于有抱负的领导者来说,你们面临的挑战是要尽早培养人际交往能力:相比在领导一个一千多号人的团队时,在职业生涯的早期更容易进行试验、试错和变革。有些组织能快速地培养人际交往能力,如武装部队、学校以及像酒店、餐馆和俱乐部等服务性行业,为如何与人打交道提供了独特的训练场地。

你是否在正确的轨道上?

你是否学习了大量技能(例如债券交易、会计、法律等),使你成为专业人士或担任中层管理者?

你是否在学习如何让别人去做事情:授权、传授、解决冲突、激励、说服、推销愿景和方向、领导?

这才是通向领导者的道路。

学校里传授的如何成为领导者的方法都是错误的。

笔记:_____

_____

_____

16. 管理你的领导力之旅:地图

现在,我们应该明白一点,"领导力"一词在不同的组织中,对于不同的人有不同的含义。它在组织的各个层级也有不同的含义。这可能会让大家感到困惑,但还是有办法弄清楚的。我们的研究表明,在组织的各个层级,对于领导者是什么样和应该做什么有着完全不同的期望。不同行业和国家之间的差异是一致的,但也有一些小例外:比如在日本,他们把会说英语作为领导者的一项关键素质。如果盎格鲁-撒克逊人也能把英语说得更好,那么我们至少可以少费很多口舌。

我们来看表16.1,它展现了对组织各层级领导者最重要的五个期望(括号里是满意度)。请注意以下几点:

• 所有的受访者都认为能够胜任公司各个级别的领导岗位:领导力不是专属于CEO的。要想成为一个成功的领导者,你要在早期阶段就开始发展和实践领导技能。

• 对于优秀领导者的期望在每个级别是不一样的。这就解释了为什么有的人在一个级别做得很好,但是晋升了一个级别之后就出现问题。要想成为一个成功的领导者,你要适应每个级别的成功法则。

• 对于高层领导者的激励能力的满意度很低,只有37%的人对于高层领导者在这一项上的表现感到满意。

• 对未来领导者的表现期望较低,主要都是关于行为方面的:努力工作、主动性、可靠性。但是,很多有志向的领导者往往都在这些最基本的要求上翻船。

- 最有争议的标准是诚实和诚信。一个老板如果在这一项上的评价很高,就会得到信任,在其他项上往往评价也很高。而在这一项评价不高的老板,在其他各项也会被给予差评。

表 16.1　对于各级领导最重要的五个期望

高层领导	中层领导	应届毕业生/未来领导
愿景(61%)	激励能力(43%)	努力工作(64%)
激励能力(37%)	决断力(54%)	积极主动性(57%)
决断力(47%)	行业经验(70%)	智商(63%)
处理危机能力(56%)	人际关系能力(57%)	可靠性(61%)
诚实和诚信(48%)	授权(43%)	抱负(64%)

看了这些标准,你可以放心的是,你不需要变成一个超人才能成为领导者。对领导者的要求都是最简单和最基本的,但是很多人却达不到这些要求。只要你专注于这些最基本的技能,把它们做好,就能从同伴中脱颖而出。

> 你不需要变成一个超人才能成为领导者。

笔记:
_____
_____
_____

17. 规划你的职业生涯

职业生涯是一场马拉松,而不是短跑,所以要好好地进行规划。你最大的职责是要为自己的职业生涯负责。

所以,最重要的任务就是找到合适的雇主、合适的职位以及合适的老板。如果你为糟糕的公司工作,担任糟糕的职位,遇到糟糕的老板,那就是你的问题和责任了。你可以抱怨,也可以有所行动。很多人选择抱怨,因为抱怨最简单不过了。如果你从事一份不适合的工作,那你就会一事无成。

超过半数的毕业生发现,他们毕业后的第一份工作并不适合自己,这就产生了人才市场的一个潮流,即招聘已经有几年工作经验但希望重新开始的优秀毕业生。坏消息是你很容易会打错电话;好消息是,你不是一个人,尽管经济形势不佳,但是市场对于真正的人才还是有需求的。

那么,如何才能找到合适的公司、合适的职位和合适的老板呢?

 合适的公司

问自己一些基本的问题:

• 这家公司是否处于成长阶段?相比一家正在收缩业务的公司,在一家成长型的公司中更容易获得晋升。

• 成长还在继续吗?有些市场已经有长达 30 年的上升期(例如管理咨询),有些公司拥有内在的竞争优势来保证成长。

- 竞争有多激烈？记住，真正的竞争不是来自于别的公司，而是来自于坐在你旁边的同事。如果一家公司每年招聘1000名毕业生，看一下他们中有多少人能进入公司的最高层。可能只有1%至10%的人晋升到高层管理职位，而其余90%的人也认为他们能到达顶峰；计算一下赔率，然后据此下注。
- 我是否拥有对于未来职业发展有用的技能？营销、人力资源、会计和销售都是非常有用的、可转移的技能，许多公司都在寻找拥有这些技能的人。如果你成为三方资产抵押回购市场的专家，你未来的职业选择就会少很多。
- 这家公司在市场上的信誉如何？这段工作经历和这家公司是否会给我的简历加分？加入宝洁的市场部，会比加入 Jim's Acme Widgets 这种小公司的市场部在以后更容易找到工作。
- 我喜欢在这里工作吗？你只有喜欢并享受这份工作，才能发挥自己的才能。人生苦短，一定要在自己喜欢的地方工作。
- 我会成功吗？我有成功的资本吗？不要勉强自己去假装，否则即使取得了成功，你也会后悔的。仔细观察公司里成功人士的成功之道，问一下自己是否是这样的人，以及自己到底想成为什么样的人。

合适的职位

再问自己以下几个问题：
- 我喜欢这份工作吗？
- 我会成功吗？我有正确的支持、预算和期望吗？如果没有，在你接受这个职位之前进行协商。一旦接受了这个职位，你就失去了谈判能力。
- 我是否会学习到能够帮助我未来职业发展的技能？不要困在自己的舒适区里，这样你总是重复地做同样的事情。虽然你会做得很好，成为某个领域的专家，但是却不具备晋升所需的管理技能。
- 这个职位会让我成名吗？这个职位能接触到比我高两个级别的领导吗？否则，我是否会被困在一个不为人知的领域，做着有价值的工作，却被完全忽视？

合适的老板

每家公司都有天使老板和恶魔老板。每个人都知道他们是谁。你可以寄希望于在分配任务的过程中获得好运气，但你不能把希望当作一种方法，也不能把运气当作一种策略。你需要掌控自己的命运，搞定任务的分配。这就意味着，要确定将会出现哪些机会，要么自己跳出来，要么干脆当哈利·波特，披上隐形斗篷，直接隐身。大多数老板都想要忠诚且高效的团队成员。拍拍潜在老板的马屁，表示出你有兴趣为他工作，对你来说都是百益而无一害的。有必要的话，你可以酌情采取一些行动来帮助他们上位，这样他们分配工作的时候会给你回报的。

最后要记住，在你的职业生涯中，有三种单向的飞跃：一旦你跨出这一步，就无法回头了。这些飞跃就是：

1. 自己创业：一旦尝到了自己当老板的自由或挫败感，就很难回到你已经失去控制的体制中，为一个你可能并不真心尊重的老板工作。

2. 当上 CEO（或专业服务公司的合伙人）：像自己创业一样，你将无法回到为别人工作的状态。与自己当老板不同的是，CEO 多了一种选择，可以去某个委员会任一个虚职。

3. 离开黄金标准公司：在任何行业都有一些黄金标准公司，如通用电气、宝洁、联合利华、麦肯锡和高盛。当你在这些公司工作的时候，无数的公司会想来挖你。一旦离开，你会很想再回到这些代表着行业黄金标准的公司。

笔记：

18. 职业生涯与职业探索：避开灾星

对一些人来说，career（职业生涯）是一个名词，描述了从大学刚毕业到快乐的退休生活的稳步发展过程。对另一些人来说，career（职业探索）是一个动词，描述了在通往领导者的道路上发生的各种冒险经历中的混乱激流或者灾难。不管你想要的是一份职业还是更喜欢体验职业探索的过程，都要避开那些灾星组织、灾星项目和灾星老板。他们一直以来被称为 CLM 是有原因的：他们是职业限制移动（Career Limiting Moves）因素。

 灾星组织

当你加入一个组织时，你其实冒了很大的风险。如果你加入的是一个成长和成功的组织，就能提高胜算。简而言之，在一个每年增幅为 20% 的组织中晋升的机会，比在一个每年下跌 20% 的组织中晋升的机会多得多。

做好充分的研究。世界上没有常胜将军。1985 年前后加入电信公司的人都曾经在固定电话公司工作过，而不是在那些小型初创公司，向高谈阔论、穿着花哨的房地产开发商销售手机——那些看着像砖头也确实像砖头一样重的手机。在过去的 30 年里，移动电话公司比固定电话运营商有更多的机会。

灾星项目

在开始进行一项任务之前,先问自己两个问题:
- 这项任务是否值得做?
- 这项任务是否有助于创造成功?

一项有价值的任务应当与组织中比自己至少高两个级别的人相关或对其有影响(除非你已经是 CEO 了)。它最好能够接近权力中心。被派往日本经营公司固然令人兴奋,但是当三年之后大家都回到祖国,没有人会记得你的存在。你的新老板不会知道你离开的时候公司允诺了什么,对于他们来说,履行别人对你的承诺是一件很不重要的小事情。因此,要靠近权力中心。

一项有助于创造成功的任务有以下四个特点:

1. 合适的发起人。如果这个项目与比你高两个级别的人相关,那个人将会积极地推进和支持这个项目。这就使这个项目变得有价值了,在政治上也更有可能成功。

2. 有价值的问题。从政治上来讲,CEO 的任何问题都是有价值的问题,因为你知道有机会露面表现,获得支持来取得成功。事实上,你要运用自己的判断力。花一年时间解决没有价值的问题,对你来说不是一项好的职业投资。

3. 好的团队和资源。如果所分配的资源或人员不足,显然不能把它当作优先事项;更糟糕的是,这种任务不太可能成功。

4. 正确的方法。如果任务时间非常紧迫,需要进行双倍甚至三倍的检查,每件事情都尝试或者什么都不尝试,都不利于成功。

最后,思考一下你是否适合这份工作。对泰国木薯行业进行竞争力研究对有些人来说很有吸引力,有些人也非常擅长这类工作。但是,不要只看到去热带岛屿做木薯行业研究的前景,仔细思考一下你是否真的能交出一份满意的答卷。

避开灾星项目并不那么容易。以下是一些基本原则:

• 打开你的雷达。不断寻找新的任务和机会,试着和每个人多聊聊天,八卦闲聊是一种不错的方式。

• 当"灾星任务"被迫出现时,赶快隐身。要保证你在忙于其他事情。你要自愿为老板去做一些事情,让自己成为老板眼中有用的人。帮老板一个忙,他们会很感激的,当需要分配灾星任务时,他们就会自动忽略你。

• 避免过多地在自己不喜欢的事情上取得成就。如果你很擅长为人寿保险行业的系统变更开发商业案例,你可能会发现职业生涯被葬送在这个领域,你没有机会做任何其他事情。

• 成为被手中掌握有趣任务的人认为有用的人,自愿为他们做些事情,对那些能提高自己技能的任务表现出积极的兴趣,然后他们会通过正式系统来给你分配任务。

• 最后一点,也是最不重要的一点,使用正式的任务分配系统。HR人员会告诉你任务分配系统是如何运作的。理性的任务分配系统往往会被公司政治压倒,老板们都想争取到最好的员工为他们工作。在公司政治方面要花点心思,但也要尽量避免让HR人员感到不快。

灾星老板

灾星老板大致可分为四种令人难以接受的类型:太强、太弱、口味不对或者菜单不对:

1. 太强的老板。这种属于达斯·维德(Darth Vader)[1]类型的老板,要的是你灵魂上的服从。他们的优点是会非常保护自己的团队。但是,当你退缩,或者没达成目标,你就死定了。你要么百分之百入局,要么百分之百出局。他们会以惊人的速度吸纳或踢走团队成员。

2. 太弱的老板。他们可能会很容易相处,但是在关键时刻,他们往往

---

[1] 美国电影《星球大战》中的头号反派。

无法在薪水、晋升和任务分配上满足你的期望。

3. 口味不对的老板。口味不对可能仅仅是因为两个人的风格太相似（两个内向的人之间没有什么话可说，或者两个自负的人出了太多的风头），或者，两种风格相互冲突的人无法在一起合作。可以做一下"风格指南针"这项测试，弄清楚怎样与老板合作才会成功。

4. 菜单不对的老板。即使这个老板所有地方都是对的，如果他在公司错误的部门工作，你就会有麻烦。从你的角度来看，在那里你不可能取得成功，或者职业发展会受到限制。

> 避免过多地在自己不喜欢的事情上取得成功。

笔记：_____
_____
_____
_____

19. 为何得不到晋升？

如果你现在处于合适的职位,与好的老板一起工作,你至少有机会升职。如果处在不合适的职位,遇到不好的老板,你甚至就没机会参与晋升的竞争。

在理想世界里,如果你努力工作,完成目标,态度良好,就会得到提升。但我们并不是生活在理想世界里。看一下那些升职和没有升职的同事,他们的经历会告诉你,努力工作和完成目标不足以让你升职。你需要做的还有很多。

要求晋升。如果你不问问题,就得不到答案。即使答案是否定的,至少你能知道还需要做些什么才能得到晋升。有些人喜欢努力争取,有些人则不然,进取心强的人会把进取心弱的人踩在脚底下。

建立自己的声誉。可以肯定的是,你的很多同事都努力工作,并且也完成了目标。你需要做一些能让至少比你高两个级别的人看得到的事情。你必须让比老板级别高的领导看到你的表现和成绩,否则就只能依靠老板的说辞和自己的声誉。

要在领导面前多"露脸",表现得正面积极。在食物链上端的人,总是有一些项目、问题、演讲或报告需要别人帮助,你要自愿付出额外劳动去帮助他们。要自告奋勇,让自己成为对于高层领导有用的人。

充分利用你在高层领导面前表现的机会,他们不会根据你一年的努力工作来对你作出评价,而是在你向他们汇报,与他们交谈或见面的三分钟内对你作出评价。要充分利用好这些关键时刻。

不要等到准备好了才想到晋升。这样你就一直等下去吧。没有人能为高一层次的挑战作好准备。大胆一点,尽早寻求晋升,相信自己有能力在工作中成长。如果你一直等待,那些比你资历浅的人就会踩在你的头上往上爬。

有很多原因会导致你得不到晋升。以下是一些经典的原因:

- 不忠诚。不要太钻营于公司政治,试图取代你的老板。老板能原谅大多数的错误,但绝不容许下属对他们不忠诚。
- 不称职。如果你的工作做得不称职,那就没得救了。
- 价值观和态度。大多数人因为他们的技能被雇用,但却因为缺乏价值观或人际能力而被解雇。每个组织都有约定俗成的非正式的游戏规则,要找出真正的价值标准和规则,并遵守它们。如果你不喜欢这些价值标准或非正式的规则,那你可能不适合在这家公司工作。

笔记:

20. 领导力马拉松

一位著名的商学院教授曾经说过,领导力不是一场短跑,而是很多场400米短跑组成的马拉松。尽管这表明他对马拉松一无所知,但是他对领导力的洞察却很深入。除了少数几个例外,成功的企业家通常都经过几十年的努力才坐上高层领导的位子。领导者和演员一样,需要经过很多年的磨炼才能一夜成名。

对于有远大志向的领导者来说,问题是如何建立和维持跑完领导力马拉松所需的耐力。战略上的答案已经在前面的章节中提示了:你只需把自己喜欢的事情做好。人生苦短,即使有很好的回报,也不要去做自己讨厌的事情。你最终会感受到压力,筋疲力尽,然后去威尔士经营有机养猪场。这不是通向领导者的道路。无论你做什么,都要享受它的过程。即使你最终在领导者之旅上没有成功,至少你享受这次旅行的过程。

更深层的答案是照顾好自己。在这里,我们陷入了幸福大师、生活大师,甚至魔法水晶、治愈系和风水的泥潭。

压力测试

- 你是否经常每周工作超过50个小时?

- 你每年的休假时间是否少于4周?
- 你是否把工作带进了假期和社会/家庭生活中?
- 你每周饮酒是否超过6品脱(约3升)?
- 你抽烟或服用其他药物吗?
- 你是否经常感到疲倦或难以入睡?
- 你身体上有很多小毛病吗?
- 你是否责任大于权力,或是缺乏控制?

试着平衡自己的生活,这样你对以上问题的答案中就不会有太多的"是"。

工作与生活平衡并不是让人们放弃工作,完全投入家庭生活。它是让你创造和维持精力,这样才能一直往上走,成为高层管理者,而不是去经营养猪场。以下是一些明确的建议:

- 饮食。吃对东西会带来很大的不同。有些人靠食用无麸质饮食和其他新奇东西来吸引别人关注,并让别人对他特殊对待。你不需要做一个怪人。但是,多吃富含油脂的汉堡和薯条容易患心脏病,这个就不值得了。
- 锻炼。找到自己喜欢的运动,并不是所有人都适合像仓鼠一样在跑步机上跑步。
- 享受。我们研究对象中的所有领导者都很享受他们在做的事情。如果一个领导者说有压力,那么他应该是中层管理者,而不是高层管理者。
- 放松。大多数领导者都不是单调无趣的人。他们往往在工作之外有自己的兴趣爱好,有些是运动方面的(如徒步、滑雪、航海等),也有些是人文方面的(如艺术、社团)或者社交方面的。
- 睡觉。如果你被发现在工作时喝醉了,就会被炒鱿鱼,而如果你在工作中被发现很疲倦,就会得到表扬。但是,疲劳对于决策、反应和自我认知的影响和饮酒是一样的。
- 断电时间。关掉电脑、短信、电话、电子邮件和其他把你禁锢在全天候工作模式中的工具。当你在度假的时候,不要凌晨两点还在工作。

找到适合你的方法。记住,正如大脑控制身体一样,身体也控制着大脑。试着握紧拳头,收紧下巴,然后再松开,你能马上感到不一样。呼吸练习和温和的冥想都可以有神奇的效果。

有一个错误的现象,那就是所有的"工作生活平衡倡议"都是由政治家和社会改良家提出的。"工作生活平衡"变成了减少工作的理由。"工作生活平衡"不是要你不工作,而是找到自己喜欢的工作,这样的工作会带领你去到想去的地方,对你才有意义。领导是一项需要付出努力的工作,你不可能减少努力,通过走捷径来成为领导者。

> 你只需将自己喜欢的事情做好。

笔记:_____
_____
_____
_____

第三部分
人际技能

21. 授权

很多人不喜欢授权。因为授权通常意味着：
- 失去个人控制；
- 把时间"浪费"在解释、指导和纠正上面；
- 出现意想不到的结果，降低了个人标准；
- 因为失去控制而感到有压力。

有效的授权能够让你腾出时间，专注于最能够增加价值的工作，并有助于发展团队成员的技能。如果不进行授权，你就会陷入大量基础性的工作。如果不能授权，就无法去领导团队。以下是为什么你必须授权的原因：

- 授权是让你事半功倍的唯一途径。如果你不懂得授权，真的要把自己"忙死"。

- 授权让你专注于能让自己发挥最大作用的领域。它迫使你去拓展自己的能力，你必须学习新的技能，而不只是把上一份工作做得更好。

- 授权表明你对团队有信心，而且大多数团队成员会对你的信任给予回报，他们会努力工作，证明自己值得被你信任。

- 授权能构建和提升你的团队——他们必须学习新的技能。

为何无法授权

要想知道如何授权,最简单的方法就是反思你遇到过的最糟糕的授权经历,然后反过来做。下面将介绍"管理弊病博物馆"中一个老板的授权风格。出于法律原因,我们将他化名为"吉姆"。

吉姆只授权三种工作:

1. 日常琐事。他将行政性事务授权出去,自己可以做一些重要的事情,比如如何得到晋升。

2. 烫手山芋。每当有项目出现了严重问题,他就把它授权给下属,美其名曰"发展机会"。当项目完全失败时,他就躲开,让下属去"背锅"。你可以把工作授权给别人,但是不能把责任也"授权"给别人,更不能推卸责任。推卸责任会让你看起来很软弱,营造一种恐惧和权斗的氛围。

3. 最后一分钟的恐慌。周五一定要避开吉姆,因为他会突然想到:周末到了,还有好多工作没有做完。他会把这些工作都授权出去,甚至有些工作的截止日期是周一早上。再见,周末;你好,办公室。

吉姆有自己独特的授权风格。他似乎有三个主要原则:

1. 目标模糊不清,并且在项目进程中朝令夕改。这让团队事倍功半,降低了士气。

2. 最后期限模糊不清,经常在最后时刻将截止日期提前几天,让每个人都忙个不停。

3. 流程方法模糊不清,包括怎么做、有什么可以利用的支持、关键路径和检查节点等。他会随意地在过程中的任何时间点突然提出极端要求。

他从来不会与团队成员进行讨论。他觉得自己是一个很强的管理者,喜欢发号施令,喜欢将失败会造成什么样的后果详细地告诉下属。

有效授权的原则包括:

- 确保任务和最终的成功标准很明确。

- 让团队成员总结并告诉你他们认为的任务和结果应该是什么。不要以为他们什么都听明白了,让他们说给你听。
- 确保大家有足够的技能和资源来完成工作。不要过早地授权,也不要授权太多。
- 明确你希望大家如何一起工作(进度报告)。在开始工作之前讨论一下有什么顾虑。
- 随时提供帮助,但不要不时地干预。当团队成员寻求帮助时,先让他们提出解决方案,这样他们才能从中学习。
- 授权有意义的项目,而不仅仅是琐事。提升下属的能力,让他们能够迎接挑战。授权他们做简单枯燥的工作会挫伤他们的积极性。
- 在团队中表现出信念与信任。及时表扬他们取得的成就,不要斥责他们。
- 记住,你可以授权,但是不能推卸责任。你仍然要对结果负责。

练习 3.1

有效的授权

回顾你手中的任务,将每个任务列入表 21.1 授权矩阵图中的一个部分,然后采取相应的行动。

表 21.1 授权矩阵图

	其他人能够做	只有我能做
非常重要	授权——监督并密切支持。	带头——让别人参与,这样他们能够从中学习和发展。
比较重要	授权——确保你授权的不只是没有意义的事情。	你确定吗?对有些人来说可能是发展机会。

当你填写这张表格时,不要问"他们是否有能力做",而是问"他们是否能在有足够的帮助、支持和监督的情况下做到"。你的目标不只是完成任

务,还要提升和发展你的员工。有了正确的支持,你的团队取得的成就会让你感到吃惊。人们通常会超越或者达不到对他们的期望。所以,要设定较高的期望,勇于进行广泛的授权。这样可以让你过得更轻松,在团队中也更受欢迎;而团队成员会觉得你信任他们,并且在提升他们的能力。

> 很多人不喜欢授权。

笔记:

22. 激励

22.1 激励:X 理论和 Y 理论

许多"苗子"都被激励行业摧毁了。我们中间即便是运气不好的也去参加过激励研讨会。一个身着白色西装的人(通常是男人)把听众忽悠得兴奋不已,而且这种兴奋会一直持续到听众回到自己家的停车场。即使是心理医生,在用学术理论来解释激励时也会变得疯狂。难道他们没听说过巧克力吗?

为了将你从穿着白大褂或白西装的危险人物那里拯救出来,我们将探讨三种激励理论,看一下这些理论如何在实践中发挥作用。

把理论应用到实践中

设想一个你的老板,区分他是 X 型还是 Y 型的人(见表 22.1)。你也可以对同事进行同样的划分。

表 22.1　X 型和 Y 型

管理标准	X 型的管理者	Y 型的管理者
权力基础	正式的权威	权威和尊重
控制重点	遵守流程	结果、成果
沟通方式	单向:告诉和做	双向:诉说和倾听

(续表)

管理标准	X 型的管理者	Y 型的管理者
成功标准	没有错误	完成目标
对细节的关注度	高	一般
对不确定性的容忍度	非常小	一般
政治能力	一般	高
喜欢的架构	层级型	网络型

如同道格拉斯·麦格雷戈（Douglas McGregor）在《企业的人性》(*Human Side of Enterprise*)一书中所描述的那样，X 和 Y 代表了关于激励的两种不同的思维方式。现在，将 X 型和 Y 型两种类型与两种不同的环境相匹配：(1) 在 19 世纪的血汗工厂，工人们拿的是计件工资，工厂雇用的是他们的双手，而不是他们的头脑，工作简单而明确，结果和目标也很清晰；(2) 到了 21 世纪，拥有高技能的服务公司对于事情应该怎么做规定得比较模糊，需要员工运用头脑多过于使用双手。

很明显，Y 理论适用于目前的很多工作环境，但并不是全部。然而，在实践中，很多老板发现使用 X 理论更加容易：它看起来难，但听起来不错，而且很容易执行。思考以下几个问题：

- 你喜欢怎样被领导？
- 你在实践中是怎样领导别人的？
- 你会改变什么？
- 你的员工喜欢怎样被领导？

> 避开穿白大褂或白西装的危险人物。

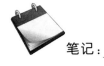
笔记：_____

22.2 激励：马斯洛需求层次理论

我们都有希望和恐惧，好的领导者知道如何利用它们。这一惊人的常识被马斯洛包装成为一个很好的心理学理论。他的基本论点就是，我们都是需求的"瘾君子"。一旦我们满足了对食物和住所的基本需求，就会意识到还有其他需求。这在世俗社会中是有道理的。一百年前，没有人会认为电话、电视、电脑、汽车、冰箱、游戏机、iPod 和腊肠比萨是生活必需品。当你与当代青少年进行短暂交流后就会发现，现在没有这些必需品根本无法生活。

在公司里，员工也是需求的"瘾君子"。在濒临破产的公司里，人们需要一个能消除恐惧、创造就业保障的领导者。而大公司的领导者则可能在思考如何取得地位，如何名留青史，不被世人忘记。人们在不同的环境中有不同的需求。

为了使这个理论易于理解，图 22.1 中有三个版本。最初的版本以斜体字标识，领导力版本是斜体字下面的正常简体字，而椭圆形中的是修正版本。人们从梯子底部往上爬：如果他们还在担心失去工作，就不会想着如何名垂青史。同样地，一旦他们实现了一个层次的需求，就会想要实现下一个层次的需求，只要领导者能让需求变得容易实现——我们都想成为著名的足球运动员，但这确实需要很多的努力。

我们都是需求的"瘾君子"。

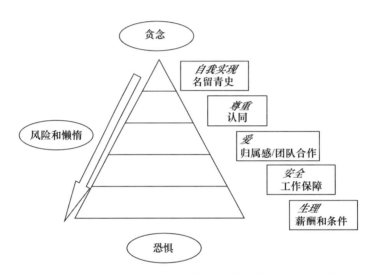

图 22.1　马斯洛需求层次(最初的版本、修正版本、领导力版本)

激励:让马斯洛理论发挥作用

你在马斯洛需求层次的哪一层?你想去到哪一层?你现在所处的环境能让你到达那个层级吗?你打算怎么办?

在下次会议上,试着找出同事们在需求层次上面的位置。这可能很困难,所以尝试一些更简单的方法。当你说服他们做某件事时,看一下你是否能触及他们的以下方面:

- 贪念(希望、志向、完成工作的能力)。
- 恐惧。(如果他们不同意做这件事,天就会塌下来,他们也得不到晋升。如果这件事有风险,他们会抵制。告诉他们,什么都不做比同意做这件事有更大的风险。)

- 懒惰。要让他们觉得同意做这件事是很容易的,不同意会很尴尬。
- 做这件事的风险。如果你能消除风险,他们就更容易同意做你想要他们做的事情。

作为一个练习,要尝试弄清楚如何触及他们的恐惧、贪念和懒惰。想办法降低你这一想法的预知风险。如果员工抗拒,找出恐惧、贪念、懒惰和风险是哪里出现了失衡。

想一下高层管理者,他们处于马斯洛需求层次的哪一层?你可以利用他们的哪些期望?你如何进一步提高期望?

想一下表现最差的团队成员,他们处于马斯洛需求层次的哪一层?他们有什么恐惧和担忧?你能做些什么来缓解他们的恐惧和担忧?

触及他们的恐惧、贪念和懒惰。

笔记:

22.3　激励:管理实践

理论听上去不错,但是对于领导者来说,现实更好,至少更有用。我们的研究发现,工作中的激励有五个驱动因素。这五个驱动因素并不神奇,也不难理解(尽管它们可能很难付诸实践)。它们都是些常识,这也是为什么它们很宝贵。它们是：

1. 我的老板对我的职业发展表现出了兴趣。
2. 我相信我的老板：他对我很诚实。
3. 我知道团队的目标是什么以及如何实现目标。
4. 我正在做一份有意义的工作。
5. 我因为自己的贡献得到了认可。

如果你的团队同意这些观点，那么他们会认为你很聪明，有爱心，有洞察力，充满活力。他们甚至会认为你很机智，很好看。

如果他们不同意这些观点，他们也会基于其他领导力标准来谴责你。当然，做一个下属眼里的好老板和给自己老板留下好印象并完成出色的绩效是不一样的。但是，相比一个人心涣散、士气低落的团队，带领一个支持你、尊重你的团队更容易取得出色的成绩。

练习3.4

评估自己（和任何你想要评估的人）

利用这五种激励因素来评估你在激励方面做得怎么样。详细查看每个因素有助于更好地进行评估。

1. 我的老板对我的职业发展表现出了兴趣。

——你知道员工有什么志向吗？

——你最后一次非正式地与他们讨论想法和需求是在什么时候？

——你有没有作出任何妥协来支持他们（为了让他们去参加培训活动/度假等）？

2. 我相信我的老板：他对我很诚实。

——你的员工真的知道你对他们的评价吗？

——你的员工知道你的个人和业务优先事项吗？

3. 我知道团队的目标以及如何实现目标。

——让员工列出未来三、六、十二个月的三大优先事项。和你的优先事项一样吗？

　　4. 我正在做一份有意义的工作。

　　——你授权的是有意义的项目，还是只是琐事？

　　——员工的能力是否得到了提升？他们是否停留在舒适区，抱怨成天在做没有意义的琐事？

　　5. 我因为自己的贡献得到了认可。

　　——你最后一次当众表扬你的团队是什么时候？

　　——你是否给他们机会在高层领导和其他部门面前表现，还是在所有大型会议上都是你独领风骚？

> 你最后一次当众表扬你的团队是什么时候？

笔记：_____
_____
_____
_____

23. 推销

23.1 推销:特性、益处和梦想

推销不仅仅是针对销售人员来讲的。所有的领导者都要不断地推销自己,推销自己的想法和新方案。如果你推销不出去,你就不能领导别人。

首先,不要只想着你推销的东西。你可能对自己的想法感到很兴奋,但更重要的是为什么你的听众应该对你的想法感兴趣。一种新型洁厕方法可能会让你热情高涨,但并不是每个人都对打扫厕所感兴趣。所以你要换位思考,要从他们的角度来看问题,从他们的问题着手。

每个人都在推销想法、建议和社交活动。我们通常会从三个方面进行推销:

1. 特性("我的电脑有 8 GB 的内存");
2. 益处("它可以进行视频编辑");
3. 梦想("它可以让我成为好莱坞电影大亨")。

特性是关于产品的,除了内行之外,很少有人能被它吸引。比如,电脑的特性是指引擎大小和那些令人眼花缭乱的技术规格等。益处对每个人来说是独特的,更加激发人的兴趣,就像"Daz[1] 洗得更白"和"这辆车开得更快、更安全"之类。但如果你能触及人们的梦想,那么你就赢了。就像这样:

---

[1] 英国的一个洗衣粉品牌。——译者注

- 开着这款车/穿上这款夹克,你看起来很酷,像个成功人士。
- 演讲培训有助于你掌握业余表演技巧,实现你的理想。
- 这种节食/整容/肉毒素会让你看起来既年轻又性感。

要避免推销特性。至少要找出益处,最好是触及梦想,这样才能吸引你的推销对象。从对方想要的而不是你有的东西着手。

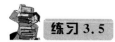

推销特性、益处和梦想

想一下如何从特性、益处和梦想三个方面推销以下产品。然后看看哪个听起来最令人信服:

- 把冰箱卖给沙漠游牧者、当地的家庭和因纽特人;
- 把越野车卖给学生妈妈、农民和足球明星;
- 把铅笔卖给不识字的部落男子、儿童和宇航员。

> 如果你能触及人们的梦想,那么你就赢了。

笔记:_____
_____
_____

23.2 推销:触及人们的梦想

我们已经在激励技能部分讲到过恐惧、贪念、懒惰和风险。在推销技能这里又会讲到这些。它们相结合而发挥作用:

- 恐惧:我在帮助对方解决什么问题?
- 贪念:我在帮助对方实现什么希望或梦想?
- 懒惰和风险:我是否让对方觉得很容易获得认同?我是否消除了他感觉到的风险?

不要从你的产品、想法或观点出发,对方并不在意这些。要从对方的希望、恐惧、梦想和风险着手。这种方法不仅可以用来卖肥皂粉,也可以用来向同事和老板推销你的项目、想法或建议:要触及他们的恐惧、贪念、懒惰和风险规避心理。

表 23.1 在推销中运用希望、恐惧、懒惰和风险

	越野车(学生家长)	越野车(商务人士)
希望:这个人想要什么?	表现出是一个有爱心的父母,而且比其他父母更有爱心。	看起来很酷、富有、喜欢冒险,在普通人面前有优越感。
恐惧:可能会消除什么恐惧?	儿童的安全。	在恶劣天气条件下很安全。
懒惰:我如何让这个人愿意购买和使用?	我们将为您安装儿童锁和安全座椅。	没有障碍:保险和服务都包括在内。
风险:如何消除感知到的购买/使用风险?	您的配偶也会喜欢的。	其他商务人士也买了(你开这辆车看上去不傻)。

我们来做一个简单的练习,看看你如何运用希望、恐惧、懒惰和风险,将一辆越野车卖给学生家长和商务人士(见表 23.1)。现在做同样的练习,试着将手机卖给他们。在这两种情况下,你可能会发现:

- 专注于引擎大小等特性并不能很好地激发兴趣。
- 推销的对象不同,卖点也应当有很大的不同。当你减少对产品的关注,而更多地关注购买者的需求时,你就会成功。

- 传递消息的方式与消息本身并不一样。销售人员不会说这款车是为那些自认为高人一等的人准备的,但他们会暗示这辆车能显示社会地位("这是一款限量版的车,很多人想要,但是没多少人能买得起";"这款车在摇滚明星/探险家/有乡村地产的人中非常受欢迎"等)。

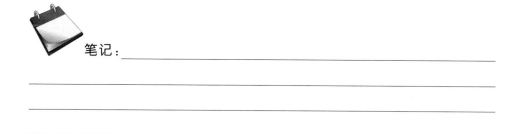

不要从你的产品、想法或观点出发。

笔记:

23.3 推销:推销过程

仅仅知道要推销什么是不够的,你还要知道如何推销。以下介绍的是经典的推销七步法:

1. 提出问题/机会。
2. 预告解决问题/机会的益处。
3. 给出建议。
4. 解释它是如何运作的。
5. 预防反对意见。
6. 强化益处。
7. 结束。

每个阶段都要检查对方的反应。推销周期可长可短,短的 30 秒即可完成(例如,建议晚餐的日期),长的要几年(例如,销售飞机机群)。第一步是最重要的:从买方的角度提出问题/机会。只有知道对方的想法/需求,才能知道自己要推销什么。

以下这个例子演示的就是如何用七步法来建议对方在工作了一整天后去喝一杯:

1."今天真是难熬的一天。"
2."我们都需要放松一下。"
3."我们去喝一杯吧。"
4."酒吧就在隔壁。"
5."第一轮我请。"
6."我们可以在那里放松一下。"
7."最后一个走的人,记得关灯。"

刚开始用这个方法的时候,你会觉得很复杂。等到你习惯了以后,它就会成为一种自然而然的事情。在理想情况下,这个方法是让对方去说,你只是用这个方法来检查你在对话中的位置,以及你下一步想要把对话引向哪里。

这个方法在应用时有两个重要的例外情况。第一,如果对方已经准备同意你的观点,就直接跳到结束。在这个阶段,你说的越多,对方反而越有机会重新思考自己的决定,就有可能说"不"。很多销售业务最终没有达成,就是因为卖家过于热情,把谈话时间拉得太长了。第二,如果发现对方一开始就持反对意见,你有三个选择方案:

1. 对每个反对意见作出回应。这样做很明确,但是非常危险。你可能会发现,你的解释非但没有帮助,反而让你们陷入了越来越激烈的争论之中。原因是你很可能没有真正地理解要为对方解决的问题,所以最好的做法是选择第二个方案。

2. 默默地回到开始,确保你真正理解了问题。这样可以避免争论,让双方都退一步,同意彼此的想法。

3. 最后,你可能认为对方的反对并不是实质性的,很可能是情绪化和自动的反应。那么就不必对此作出理性的回应：它只是引发了一场争论。优秀的销售人员会通过转换话题、分散注意力或开个玩笑来回避反对意见。买家很少会重复不成熟的反对意见，所以会很乐意听你继续说下去。

练习3.6

推销的过程

回到练习3.5中的推销冰箱、越野车和铅笔。

试着使用七步法来进行推销。

你必须首先知道买家想/需要买什么，否则你不知道自己应该卖什么。

笔记：_____
_____
_____
_____

23.4 推销：结束的艺术

买家不会读心术，他们不知道你想要他们做什么，你必须直接问他们，因为你要结束讨论和推销。对此，有些销售人员会觉得有点恐慌。事实上，这很容易。买家期待你问他问题，否则就不会浪费时间和你说话了。所以，要确保你问了问题，然后结束推销。

当对方准备同意时，让对方同意从而结束推销。这时候不要再继续推销了，如果你还喋喋不休，可能会适得其反，最终反而没卖出去。

有四种方式可用来结束推销/讨论：

- 用选择来结束:"你想要红色的车还是蓝色的车?"你没有给出"不买"的选择。这种方式虽然"卑鄙",但是有效。
- 用行动来结束:"车钥匙在这里,请在这一行签字,我会把你的新车开出展厅。"
- 直接结束:"你想买这辆车吗?"这种方式非常危险,因为对方可能会说"不"。
- 用假设来结束:"所以,我们一致认为,你要买一辆粉色搭配黄色的车。"主持会议的人经常使用这种方法。

管理者们经常犯的一个典型的错误是,在没有明确下一步计划的情况下结束会议。你做你的演讲,处理反对意见,然后你赢了,皆大欢喜。但是当你离开房间的时候,意识到还没有就下一步计划达成一致,胜利瞬间变成了灾难。所以,必须清楚地确定下一步计划之后才能结束会议,即使下一步计划只是在约定的时间再召开一次会议。

实际上,这意味着对于任何事情都需要有 A 计划和 B 计划。A 计划是你想要达到的目标,你必须确保在会议结束之前完成。但是总会有意料之外的事情发生,A 计划可能实现不了。有些人很会急中生智,马上找到逃跑路线,即他们的 B 计划。对于其他人来说,早作准备很重要。我们需要清晰的 B 计划,这样,即使 A 计划失败,我们也不会感到恐慌:我们仍然有可行的方法,在明确下一步计划的前提下结束会议。

练习3.7

结　　束

用第 23.2 小节销售越野车和手机的例子,试着应用四种类型的结束方法。

记下每次开会时别人是如何有效地结束会议的,以及他们使用的方法。开始建立一份有效结束会议的方法清单。如果会议没有有效地结束,回顾一下是哪里出现了问题：
- 检查是否触及了恐惧、贪念、懒惰和风险。
- 检查是否从特性、益处和梦想三个方面进行推销。
- 检查是否应用了销售七步法。
- 检查会议是如何结束的。

买家不会读心术，他们期待你的提问。

笔记：_____
_____
_____

23.5 推销：终极秘密

伟大的领导者和伟大的销售人员有一个共同的秘密：他们都有两只耳朵和一张嘴。

你明白了吗？

数一下你有几只耳朵、几张嘴。你可能与伟大的领导者和销售人员有着同样的秘密。

这个终极秘密就是,伟大的领导者和销售人员不仅有两只耳朵和一张嘴,而且他们也是按照2:1这个比例来使用它们的。他们听的时间起码是说的时间的两倍。你会惊讶地发现,管理者经常说着说着就服从了,买东西的人经常说着说着就买了,情侣经常说着说着就上床了。让别人倾听他们最喜欢的声音,即他们自己的声音,他们就会认为你很棒。

倾听技巧将在本书第五部分第42节介绍。一旦你学会了倾听、理解和学习,你就踏上了成功之路。你可能认为倾听只是一种销售伎俩——它的确是。但它的作用远不止于此。当你与高级别人员开会时,仔细观察谁说话最多:通常是级别较低的人,他们向级别高的人推销自己的想法。级别高的人就像法庭上的法官一样拥有权威,要问的少,说的更少。少说多听是权威人士的特权。

> 让人们倾听他们最喜欢的声音,即他们自己的声音。

练习3.9

倾　　听

以下这些提示能帮助你对重要的讨论进行反思:

- 谁问的问题更多?如果你专注于回答而不是问题,那么你可能说的更多,而没有倾听。
- 记录下你从对方身上学到了什么:如果你完全理解了对方的希望、恐惧和梦想,那么你应该真正听懂他所说的了。
- 问一个中立的第三方,他们认为谁在说,谁在听。

> 伟大的领导者和销售人员不仅都只有两只耳朵和一张嘴,他们还按照 2∶1 这个比例来使用它们。

笔记:

24. 引导

24.1 引导：目的

引导的艺术是帮助人们发现自己的潜力，解决他们自己的问题。这并不是要你告诉他们该做什么，或者帮他们解决问题。

作为一名管理者，你可以这样做：

- 指导，告诫，解决问题。
- 给予意见和指导，提出建议。
- 给予反馈。
- 通过提问来了解背景。
- 寻找可选方案。
- 倾听、总结和反思。

最基本的想法是逐条全部做到。对于一个教练来说，帮别人解决问题是致命的错误。这样做很有吸引力，因为：

- 你会看起来很聪明。
- 对方很开心，因为你让他的生活变得轻松了。
- 你会变得更受欢迎。

从短期来看，这的确很有吸引力。但是从长远来看，这是走向毁灭的道路，因为你为别人解决的问题越多，他们给你带来的问题就越多。最后，你用双肩扛起了所有的问题。同时，这样做也不能让你的员工得到发展，他们只有自己攀登山峰才能够成长。你可以指导、支持他们并给予他们鼓励,但你不能替他们攀登山峰。

　　清单的最后一条是一项艰巨的工作。倾听、总结和反思需要花大量的时间。当你知道答案而团队成员却很难找到答案的时候,非常令人沮丧。你可能为了避免将答案脱口而出,几乎把舌头磨出血泡。但是,把时间花在帮助对方发现答案上面,你会得到丰厚的回报。你可以帮助他们成为更好的团队成员,这样他们就可以开始为你解决问题,而不是给你带来问题。

　　你当教练,让团队成员想出解决方案,这样做有一个风险:他们想出的解决方案可能比你的更好。不用担心,引导技术不会让你把不成熟的想法暴露出来。相反,你可以睿智地点点头,让他们继续说下去。作为领导者,你要为团队的成败负责,所以让他们想出聪明的点子百分之百对你是有利的。

引　　导

　　其他部门的一个同事兼朋友来寻求你的建议。你知道她很不开心。她说自己已经在竞争对手那里得到了一份工作。她问你:"如果你是我,你会接受这份工作吗?"你会问些什么问题来帮助她作出自己的决定?

> 你为别人解决的问题越多,他们给你带来的问题就越多。

笔记:_____
_____
_____

24.2 引导：结构

一个好的引导过程有清晰的结构。通常分为五个步骤，简称为五个O，即 Objectives（目标），Overview（概述），Options（选项），Obstacles（障碍）和 Outcome（结果）：

1. 目标："你今天想要关注/实现/回顾什么？"

2. 概述：

——"为什么这对于你来说很重要？"

——"是什么情况？"

——"对方如何看待这种情况？"

——"你怎么知道的？"

——"你/对方对这种情况有什么看法？"

——"它有什么样的潜在后果？"

3. 选项：

——"你之前看到过类似的情况吗？发生了什么？"

——"你有哪些选择？对方想要什么？"

——"每一种行动的风险和益处各是什么？"

4. 障碍：

——"什么会阻止你这样做？"

——"你将如何克服这些障碍？"

5. 结果：

——"那么你接下来准备怎么做？"

——"你需要任何帮助或者支持吗？"

请注意，这个结构的每个要素都基于开放性的问题，而不是给出答案。（关于什么是开放性的问题，请参阅本书第五部分的第42节。）还有一种核心技术就是保持沉默，通常称为"等待时间"。

"等待时间"是很难实现的。许多人对于沉默会感到不安。但是，不要觉得你有义务用自己的才华把时间填满。你要给对方留出思考和反应的空间,尤其是那些较为内向的人,他们喜欢深思熟虑之后再回答问题。要给他们时间,这样讨论的质量也会提高。

引导过程的结构

针对你在练习3.10中所建立的问题,用这一节讲的结构来进行角色扮演练习。或者,重新构思一个角色扮演。

用来自其他部门的同事/朋友,可能包括:

"我发现我的老板在虚报开支。我要告诉财务吗?"

"我团队里的一个成员一点都不努力。我试了所有的方法,但他似乎觉得我的老板能罩着他。我能怎么做?"

"我的部门主管坚持让我下周去做一个汇报。那天正好是我孩子学校表演的日子,去年我就错过了。那天我已经请假了。我应该怎么办?"

> 许多人对于沉默会感到不安。但是,不要觉得你有义务用自己的才华把时间填满。

笔记:_____
_____
_____
_____

25. 管理期望

25.1 管理期望：自上而下

管理期望是企业成败的命脉。关于期望的游戏有三种：

1. 老板游戏。老板想设定最苛刻的期望。如果你能达到很高的期望，就能减轻老板在其他方面的压力。

2. 团队游戏。团队想要有尽可能低的目标，这样他们就能以最少的努力和风险来达到目标。

3. 交接游戏。离职的经理给新来的经理留下一幅即将成功的美好画卷，如果新来的经理接受了，那么他就死定了：如果成功了，功劳是属于离职经理的，如果失败了，则是因为新来的经理无能。因此，新来的经理迅速改写历史，绘出一幅灾难即将到来的画面。在这个版本中，新来的经理就不会失败了：如果灾难发生了，那就是离职经理的过错；如果成功了，那是因为新来的经理很英勇。

这种游戏不仅仅在陷于政治斗争的中层管理者身上发生。在任命新CEO之后，经常发出利润预警：新CEO会做出一系列的额外冲销，来修正前任CEO的失败。

这种游戏玩起来并不总是振奋人心，但它对于生存却至关重要。要玩好这个游戏有两条黄金法则：玩出难度；玩出速度。

• 玩出难度。把辩论的焦点放在你可以证明的最难的情况上，然后尽可能收集确凿的证据来证明难度。从最难的情况向下谈判，这样能够显示出你的灵活性,同时你还能争取到一个合理的目标。

• 玩出速度。尽早设定期望,越晚确定的事情就越难改变。假设从上面压下来一个规划,要实现20%的增长,你会发现很难去把讨论的重点放在零增长上。如果你已经在某个岗位上做了两个月,每个人都会认为你能够实现前任留给你的目标。所以,要尽早地挑战并改变期望。

> 要尽早地挑战并改变期望。

闲散和成功:案例

保罗估计是公司里最闲散的人,但是他每年拿的奖金总是最多的。所有的高层领导者都认为他是一个好领导,而且业绩也很出色。他似乎一年内就只有一个月很忙。这对于我们这些一整年从头忙到尾的人来说,确实非常气人,因为我们拿的奖金反而少得多,甚至连得到的表扬都很少。

保罗真正忙碌的时候是在预算周期的那个月。他会很早就开始设定期望。他会展示他这部分市场的顾客需求出现断崖式下跌;证明竞争对手在进行巨大的投入。他会像预言家一样预言文明即将崩塌,利润更是如此。他会在这个问题上表现得很强硬,让分析人员拿出数据来证明他是对的。

在预算周期结束时,保罗就会得到一个非常低的利润目标。同时,他还将获得大量的资源来对抗竞争对手。然后,他会英勇地扫除所有障碍,超额完成利润目标(尽管比去年的目标要低)。因为他取得的出色成绩,他将拿到一大笔奖金。而我们其余的人,都大胆地接受了管理层想要压在我们头上的、具有挑战性的目标,然后一整年都在努力实现目标,但最后拿到的奖金却很一般。

笔记：

25.2 管理期望：自下而上

向下管理期望几乎是向上管理期望的翻版。一个高效的领导者需要有选择性地不讲道理。在设定期望时，领导者要学会选择性地失聪：不要去听那些关于投入成本上升、竞争加剧和顾客需求越来越多的借口。你要尽可能地提升团队的能力。这点很重要，因为人们总是习惯于按照为他们设定的期望而工作。

在学校里，设定期望已经有根深蒂固的影响力：你期望孩子们成功，他们就会做得很好。你期望他们失败，他们就会完全满足你的期望。在这方面，商务人士就像小学生一样，他们会在预期的标准上有起落。

有效的期望管理不仅要设定正确的期望，还要在领导者和团队成员之间建立正确的心理契约。心理契约在领导者和团队成员两方面的要素是不同的。

领导者方面的要素包括：
- 如果完成好的业绩，就履行奖金和晋升的承诺。
- 为与其他部门打交道提供政治上的支持。
- 清楚地知道什么样的工作风格在团队中最有效。
- 对每个团队成员的未来表现出兴趣和承诺。
- 有效地授权：提供有趣的工作机会，而不只是分派琐事。
- 提供合适的培训。

团队成员方面的要素包括：
- 交付所承诺的结果。
- 百分之百忠于和支持领导。
- 以正确的方式为当前的领导和团队工作。
- 避免发生意外情况。
- 不发牢骚，不破坏团队的士气。

在这些广泛的期望中，有很多问题需要进一步讨论。什么是正确的目标？什么是正确的工作方式？什么是最佳的任务组合？领导者不能期望团队成员都能与他们心有灵犀，这有助于明确地设定期望。设定期望需要经过讨论，而不能强制命令。相比高层领导单方面地把期望往下压，如果团队成员觉得参与了期望的设定并达成一致，他们会更加投入地工作。期望的设定应该始终是一个双向的过程。

> 一个高效的领导者要懂得有选择性地不讲道理。

笔记：_____
_____
_____
_____

26. 向上管理

26.1 向上管理：管理你的老板

大多数人认为是老板管理他们，很少有人反过来想：如果你想取得进步，就要学会管理你的老板。在现代组织中，如果你想把事情完成，就必须通过不受你控制的人来做事情，即同事和老板。管理老板是一项核心的管理技能。

我们来做一个简单的测试，写出你希望为你工作的人能做到哪五点。不要去想正式的评估体系，而是专注于你真正想要的是什么。很有可能这也是你的老板想要你做到的。以下是老板们通常期望的五件事情：

1. 努力工作。你可能会认为懒散或者按时出勤都无所谓。但是，大多数老板并不是傻瓜，即使他们看上去像傻瓜。他们要你认真地做出贡献，这需要你付出很大的努力。他们会注意到谁真正付出了努力，谁在"磨洋工"。

2. 积极主动。不要等着别人来告诉你；不要期望老板提供所有的答案。不要向上授权。积极主动地帮助老板解决问题。要付诸行动，不要沉湎于分析。

3. 聪慧。做事情一定要动脑子，要提供解决方案，而不是问题。如果你面临挑战，要和老板去讨论，这样你至少能有些思路，知道好的解决方案可能是什么样的。

4. 可靠。永远不要给老板带来"惊喜"，因为"惊喜"很少是好事情。

如果你有什么事情不能做，一开始就要说明。一旦你作出了承诺，就一定要做到，不要找任何借口。如果出了问题，要确保尽早告诉你的老板，以便采取补救措施。

5. 野心。令人惊讶的是，大多数老板都喜欢有野心的员工。他们想要的是愿意付出额外努力，能够解决问题，达成目标，做好事情的员工。

大多数关于老板的问题都是因为缺乏信任，或者是彼此风格相冲突。在这两种情况下，你可以抱怨，或者你可以做些什么。

如果你不信任这个老板，也许是该换一个老板了。但是要慎重。风水轮流转，没有哪个老板能一直待在这个位子上。最好的办法就是等待机会，自然而然地去作选择。记住，即使老板很不正常，你也可以从他们身上学到东西。一般来说，他们肯定有一定的长处才能被提拔到这个位子上。学习他们身上那些积极的方面，思考如果你身处这个位子，将会做些什么样的改变。

当你们的风格发生冲突时，你的老板没有问题，问题在你。商业是充满人性的，而人类的行事风格是多种多样的。面对需要影响的人，有效的管理者要学习如何去适应他们的风格。(这是本书第二部分第13节的内容。)你不必认同老板的风格，但是你必须适应它。如果你能够成功地影响你的老板，就能影响到任何人。这是一项值得学习的技能。

每个老板都是独特的。在一段不平等的关系中，你必须适应老板，因为老板不太可能去适应你。另外，因为老板是独特的，你必须了解他们的风格，了解他们的期望。每个人都和老板有一份心理契约，这比正式的雇佣合同重要得多。这种契约的实质是："你为我努力工作，我会关照你的职业发展。"有些老板在履行契约方面比其他人做得更好。你必须了解老板从你那里真正想得到什么。我应该有多大的主动性，承担多少风险？我应该如何与老板沟通？什么时候沟通？老板真正希望我在工作上面有怎样的表现？我如何与老板一起迅速提升？这些问题都不会被记录下来，但是你可以通过与老板交流，以及与团队其他成员交流来找到一部分答案。要了解老板究竟是怎样的一个人，并采取相应的行动。

最后，创造一些备选方案。确保你在整个组织及组织外部建立了良好的人际网络。你可能需要一条逃生路线。当你真的需要逃跑时，已经来不及寻找出路了。如果你没有其他选择，必须跟着现在的老板，那么你就处于非常弱势的地位。最好的情况是，你找到了一个伯乐。而最糟糕的情况是，你将处于主仆关系中，当然你不会是那个主人。

笔记：_____

_____

_____

_____

26.2 向上管理：七宗罪

有无数种方式会让老板不高兴。我看到过四名保安把一位市场总监从办公室赶出去，他们抓住他的四肢，把他抬出了门。他犯了什么错误？他总是抢在 CEO 前面进门，这让 CEO 觉得被抢了风头。

除了小缺点和自大，我们的研究发现，老板们很难原谅以下一些常见的"罪行"：

• 不忠诚。即使是最苛刻的老板也会容忍偶尔犯错误、恶毒的玩笑、着装不当甚至表现不好，但是不忠诚破坏了老板和团队之间的基本心理契约，是最不可原谅的罪行。不忠诚不只是说老板的坏话，还包括在紧要关头不支持老板和团队，或者在需要的时候不站出来说话。如果团队想要成功，每个团队成员必须明确他们可以互相信任和依赖。尤其在困难时期，人们更需要信任，信任要么很快就建立起来，要么很快丧失。

• "惊喜"。老板不喜欢"惊喜"。不要隐瞒坏消息。要尽早处理，设定正确的期望。

- 在老板面前逞强、占上风,比老板更精明。和你一样,老板也要而且也想看上去出类拔萃。许多老板都有脆弱的自尊心。不要去抢他们的风头,而是要帮助他们。好的老板会给你很多机会让你发光发热的。
- 不能交付结果:不可靠。有时并没有捷径可走。最终,你必须交付你要完成的任务,即使这是一项艰苦的工作。
- 不专业。这个包括了许多"罪行"。要特别注意那些让老板高兴或生气的行为。它可以是一些小事,比如谁先到场,谁先走进门,谁在会议上发言以及发言时机,着装规范,用或不用幽默语等等。

> 不忠诚是迄今为止最不可饶恕的罪行。

笔记:_____

_____

_____

_____

27. 奉承

有多少人认为自己薪水过高,职位过高,被过度认可?有多少人认为他们在智力、诚实、勤奋、可靠、驾驶技术、爱的能力和工作方面低于平均水平?想要有自信,就要有自我的信念:我们要相信自己是最棒的。然而,我们大多数人都觉得自己的才能和努力没有得到充分的认可。然后,当有人认识到我们的天赋和优秀,我们自然就会觉得这个人有良好的判断力,就会在适当的时候用同样的赞美来回报他们。换句话说,当有人奉承我们时,我们很开心。奉承起到了作用。

研究表明,拍马屁不会适得其反,你只是拍得不够多。你越奉承一个人,他就越喜欢你。拍马屁是一个赢得朋友和影响别人的简单方法。下面介绍应该如何有效地奉承别人:

- 倾听和感同身受。你只要这样做就达到奉承的效果了。问一些问题,让他们谈论自己微不足道的成功和艰辛。对他们所说的情况表现出惊奇;同意他们的看法的时候点点头;对他们所克服的巨大挑战表现出感同身受。
- 公开表扬。表扬要具体和个性化:"你对待客户的方式向我们展示了如何将危机转化为胜利……"
- 寻求建议。通过征求别人的意见来显示你是多么重视他的智慧和洞察力。他们会暗自窃喜受到如此的尊敬。
- 在背后说好话。在奉承对象的朋友和同事面前称赞他。最终他会知道你在背后对他的赞美,你在他的心目中也会加分。

- 先抑后扬。从反驳开始:"一开始我没注意到你的观点……"然后顺从:"但我现在意识到你是多么正确。"最初的反驳使得最终的顺从变得更加可信,甚至更加甜美。

有两种不讨好的奉承方法:

- 避免"一分钟管理式"的奉承:"哇,你今天把鞋子擦得好亮……"马屁至少要拍得有意义,而且不能贬低对方。
- 不要比较。当你的奉承对象向你诉说关于他们的挑战和成功的那些非常乏味的故事时,你会忍不住将他们的故事和你自己更好、更有说服力的故事相比较。一定要抑制住这种冲动。不去比较才能成功地拍马屁。

在任何一个组织中,赢得朋友总好过赢得战斗。一旦你有了一群盟友,很多战争就会兵不血刃,不战而胜。为了赢得你需要的朋友,奉承是一种没有什么成本而又有效的方法。

笔记:_____
_____
_____
_____

28. 管理专业人士

如果你是一个专业人士，你希望如何被管理？作为一个练习，记下你最喜欢老板管理你的五种方式。现在对自己的团队做同样的事情。记住一条黄金法则："设身处地，推己及人。"

专业人士管理起来可能比较有难度：他们能取得很多成就，但是他们的要求也很多。他们有着与能力和职业道德相匹配的抱负和自尊心，而且他们很可能不尊重你，甚至可能认为自己做你的工作会比你做得更好。那么，你如何管理那些不懂得尊重你的自大狂呢？

以下是管理专业人士的基本方法：

- 拓展。专业人士是天生的高成就者，让他们超越、学习和成长。懒惰的专业人士是最危险的。
- 设定方向。专业人士不会尊重无能的管理者。设定一个目标，明确你将如何到达那里并坚持下去。
- 保护你的团队。让你的团队专注于做他们擅长的事情，确保他们远离办公室政治、日常琐事和公司闲言碎语的干扰。如果你在这方面做得好，他们甚至会感激你。
- 支持你的团队。让团队获得成功，确保他们拥有正确的资源、正确的支持和正确的目标。
- 表现出你的关心。在每个团队成员身上投入时间，了解他们的需求和期望，在他们的职业生涯中提供帮助。

- 没有"惊喜"。不要在绩效评估时给你的团队"惊喜",那样的话所有的信任都会毁于一旦。如果有绩效问题,尽早进行绩效对话,这样他们就可以及时改变。
- 认同他们。专业人士有他们的骄傲。要满足他们的自尊心,公开表扬优秀的工作表现。永远不要在公开场合贬低他们。如果有什么艰难的谈话,私下里进行。
- 授权。如果有疑问,就把所有事情都授权出去。不要让他们把问题推给你,指导他们自己解决问题,这样他们可以从中学习并成为更有价值的团队成员。
- 设定期望。有些专业人士什么回报都想要,而且现在就要。有些人想要的回报更多,更迫切。任何关于奖金和晋升的只言片语都将被视为百分之百的承诺。你在传递信息时要保持信息的清晰和一致。
- 减少管理。信任你的团队,学会放手。微观管理会显示出你对他们缺乏信任,并在专业人士之间产生怨恨。相信你的团队,他们会迎接挑战。

笔记：_____
_____
_____
_____

第四部分
关键时刻技能

29. 学会说"不"

29.1 学会说"不":争取时间的艺术

对于任何领导者而言,学会说"不"都是一项关键技能。说出"不"且又不显得消极,是一门艺术。

在实际生活中,说"不"是很困难的,因为你经常被一个想法偷袭,或者被置于必须要回答"是"或"不是"的处境。第一条原则就出自于通过争取时间来避免"承诺偷袭"这种需求。

 争取时间的艺术

当你被要求去做某些事情,去接受一个新想法或支持一个新方案时,你都需要时间来进行思考。你可以通过提问来争取时间。无论如何,不要急于给出答案。虽然你可能会受到诱惑,通过赞同某个想法暂时巴结一下别人,然后你会发现自己很快就陷入到一系列让你慢慢后悔的行动当中。

回到本书第三部分第 24 节介绍的引导技能的原则,看一下如何提出有建设性的问题。我们的目标是问开放式问题,并遵循引导技能的模型:

- 同意这个想法的目标:
——这个想法解决了什么问题?为谁解决了问题?
——这样做的好处是什么?对谁有好处?
- 理解想法的背景:
——是谁发起的?

——时间框架是怎样的？

——有哪些可用的支持和资源？

——为什么我们现在要审核这个想法？

——这与我们的其他优先事项有什么关系？

- 创建和评估备选方案：

——除此之外，这个想法还能实现什么？

- 找出阻碍成功的障碍。
- 总结。

当你在问前四个问题的时候，就有时间去思考，这样可以收集到足够的信息，对你想做的事情作出明智的决定。你甚至可能想说"是"，而不是"不是"。对方也可能会把他们最初的想法变成一个更好的想法。

作为一个领导者，你有些想法需要得到别人的赞同。现在，把这个模型应用在这里，找出你对以上问题的答案。也许你会说服自己，这个想法还不够好，至少这样可以避免陷入提出的想法不够成熟这种尴尬境地。但是，如果你能清楚地回答所有的问题，那么恭喜你，你有了一个好的想法，可以放到台面上和别人讨论了。

> 无论如何，不要急于给出答案。

笔记：

29.2　学会说"不":奶酪店游戏

领导者们都知道,在公司里说"不"是一种禁忌。说"不"会让你看起来很消极,不以行动为导向。但是,偶尔你也需要阻止疯狂的事情发生。你已经学习了引导技能,知道该如何审核一个想法,但是它仍然会像蜜蜂一样,带着一根巨大的刺嗡嗡地围着你转。你需要做些什么去摆脱它。欢迎来做这个"奶酪店游戏"。

奶酪店游戏

奶酪店游戏是由英国六人喜剧团体蒙提·派森(Monty Python,又译为巨蟒组)设计的。

一位顾客走进奶酪店,想买一种叫斯特尔顿(Stilton)或者切达(Cheddar)的奶酪。店老板必须找到一种方法告诉顾客店里没有这种奶酪,但是不能直接说"店里没有这种奶酪"。可以用这样的借口:

"对不起,已经下市了……"

"你没听说过健康恐慌吗?"

"现在已经不流行了。"

"我都不会把它卖给我的狗。"

谁先提到奶酪的名字或者找不出借口,谁就输了。

公司版"奶酪店游戏"

在公司版"奶酪店游戏"中,你必须找到理由来抵制一个想法,而不能直接对这个想法说"不"。

你有三条主线用于辩护:

1. 优先级:

——"这与我的其他优先事项有什么关系?为了这个想法你希望我把

哪些事情延后？"

——"我们应该在 X 事情之前还是之后做这个？（哪一个更紧急/更关键）？"

2. 方法：

——"我们可以用另一种方式做吗？"（更好，更快，更便宜，风险更低。）

——"我们怎样才能成功呢？"（人员、预算、时间：关联到优先级）。把成功的条件设定得很高，让其他人知难而退。

——"我们为什么不先作一个全面的评估/测试来降低风险呢？"当评估完成的时候，大家都将转向下一个更聪明的想法。

3. 人员：

——"这是为谁做的？"（关联到优先级）。如果不是为了一个有影响力的发起人，要去质疑这个想法是否真的能够成功。敦促其他人找到更好的发起人，他们可能会发现这是不可能的。

——"谁最适合做这件事？"（不是我）。

> 领导者们都知道，说"不"是一种禁忌。

■ 超越奶酪店

抵抗的终极形式是什么也不做。不要和别人争论或者反对这个想法。让别人替你承受压力。你只需要迎接真正需要你出击的战斗。通过什么也不做，你创造了一个大多数企业都无法击败的敌人：惰性。每时每刻都有很多其他事情正在发生，没人有时间和精力为你不喜欢的想法造势。如果这个想法在你不作为的情况下仍然获得了动力，那么你有足够机会在它缓慢前进的时候一跃而起。

> 抵抗的终极形式是什么也不做。

笔记:

30. 冲突管理

30.1 冲突管理：原则

组织是为了冲突而设立的。大多数人可能对这个说法感到很惊讶，他们认为组织的意义就是让人们像一群蜜蜂一样在蜂巢里一起合作。所以，我们在此强调这一点：组织是为了冲突而设立的。

在组织中，不同的职能、业务单元和地域有不同的优先级。内部冲突是好是坏，取决于这些互相冲突的优先级是如何得到解决的。只要控制得当，冲突就是好的。无法控制的冲突和公开的战争，都是不好的。这其中的关键就在于领导者如何处理冲突。

冲突管理的首要原则是：对事不对人，尤其在遇到个人之间冲突的时候。如果你陷入个人斗争的阴沟，那么无论输赢，你都会变得令人讨厌。所以要远离阴沟，这样，最坏的情况就是溅湿脚踝而已。这一点说起来容易，做起来难。我们需要一个简单的工具用于处理紧急冲突。要把对冲突的恐惧（FEAR）转化成相互的倾听（EAR）。

我们从一个高度个人化的恶意冲突开始。最自然的反应就是打架或者逃跑：打CEO或逃跑都不是好对策。但恐惧却是真实存在的：我们必须解决它。把F从FEAR（恐惧）中去掉（不好的反应），剩下的就是EAR（倾听）（好的反应）。

恐惧（FEAR）代表：

- 疯狂地战斗。

- 从情感上与敌交战。
- 与全体参加者进行争辩。
- 报复,拒绝接受任何理由。

这很有趣,尤其是在你工作的最后一天。这也很常见,而且是徒劳的,往往只会引发一场智力上、政治上和情感上的纷争。

倾听(EAR)代表:

- 感同身受。
- 认同问题。
- 找到出路。

在激烈的战斗中,要做到这点更困难,但也更有成效。

组织是为了冲突而设立的。

笔记:_____

_____

_____

_____

30.2 冲突管理:实践

那么,如何将倾听应用于实践呢?

感同身受

不要去拥抱对方,这可能会引起误解。对方在咆哮和责备的时候根本听不进去,在有情绪的时候也根本听不进去。先让对方倾诉吧,你只需要积极地倾听,表明你理解对方的意思即可。(请参考第五部分第五节的倾听技巧。)

让对方发泄一下,冷静下来。确保你真正地了解了他的情况。不要试图提出你的观点或者证明自己说的有道理,这样只会引起更多的冲突。不要试图用逻辑去对抗情绪,也不要进入对方的私人空间。退后一步,给他充分的时间冷静下来。

▨ 认同问题

试着专注于你所期望的行动、结果和收益。要等到你们双方都冷静下来而不是大喊大叫的时候再这样做。回想一下你什么时候对别人大喊大叫能成功过?这个时候你要从倾听和叙述转变到提问:

"那么,我们需要实现的是什么?"

"那么,我们下个星期/月要完成什么?"

"客户想要什么样的解决方案?"

▨ 找到出路

说来奇怪,这部分往往是最容易的。一旦你平静下来并认同了形势和问题,往往出路就很明确了。为了有助于找到出路,要做到:

- 生成各种选择方案:不要在一棵树上吊死。
- 让对方提出更多的建议。
- 正式就下一步行动达成一致:让对方总结,然后以书面形式确认下一步该怎么做。

练习冲突管理

和一个宽容的同事一起进行角色扮演。试着对你的同事发火和大喊大叫。为了礼貌起见,让同事也对你这样做。在这两种情况下,"受害者"都应该感同身受。看看谁能把愤怒持续得更久。你会发现维持愤怒需要耗费大量的精力。这是情绪上的衰竭。如果此时感同身受,愤怒很快就会爆发出来。

第二个练习,看一下如果"受害者"开始报复会发生什么。这个练习不要做得太久,因为情绪会变得非常激烈。以怒制怒,你们双方很快就会一个比一个嗓门大。

维持愤怒需要耗费大量的精力。

 笔记:_____

_____

_____

_____

30.3 冲突管理:业内技巧

除了理论之外,还有现实。以下是我们在工作研讨会中听到的一些最常见的冲突管理技巧:

- 做一个旁观者。观察自己:你的语言和身体。这种脱离肉体的解决冲突方式,它的基本原理就像是禅宗里的超然。你没有时间去修道院冥想,所以在短期内,假装你是墙上的一只(聪明的)苍蝇。观察对方的情绪,但是不要回应或者陷入其中。把它想象成一场游戏,目的是让对方冷静下来并且双方达成一致。相比参加一场你不知道结果的战斗,玩一个你知道规则的游戏会更加容易一些。

- 脱离：别人是怎么处理这种冲突的？在我们心中都有能够把事情顺利做好的榜样。想象一下如果是你的榜样面对这种冲突，他接下来会做什么？怎么做？

- 逃往乐土。每个人的脑海里都有一片乐土，在懒散或有压力的时候可以逃往那里。去到你的乐土吧，冷静下来。有的人在他们的乐土上玩游戏，把对方当作婴儿，或者穿着芭蕾舞短裙，或者被发射臭鸡蛋的机关枪消灭。如果一个50岁的胖子在你眼中穿着芭蕾舞裙，或者像是把玩具扔出婴儿车的婴儿，你就很难对他生气。

- 弱化个体：可以怪罪形势，但不要指责个人。当斗争变得个人化时，就会变得很讨厌。与其责备别人搞砸了，不如看一下导致灾难发生的背景和环境。也许是因为时间和支持不够充分，或者是期望不够明确。事情出错的原因会有很多种。一旦你们开始对此进行讨论，就能缓和情绪，开始面对现实了。

- 争取时间：保持长时间的愤怒是很难的。如果你遵循将恐惧变成倾听的原则，就能争取到时间。正如我们所看到的，要维持愤怒是很难的。让他们发泄吧，然后就可以面对现实。

> 如果一个50岁的胖子在你眼中穿着芭蕾舞裙，或者像是把玩具扔出婴儿车的婴儿，你就很难对他生气。

笔记：_____

_____

_____

30.4 冲突管理：一种截然不同的方法

偶尔我们可能会做错什么。在许多组织中，关于这一点的标准操作程序是：

- 否认做错了任何事：一切都是误会；事实并非如此。
- 推卸责任：是别人告诉你要这么做的，或者是别人失信于你。
- 换个话题：用一种更好的方式指出，我们确实应该关注更重要的问题，除非大家都互相推诿……
- 迁怒于传话的人：这是竞争对手和其他一些惹是生非、损害公司利益的人散布出来的流言蜚语。
- 在极端情况下，尝试一种截然不同的方法：道歉。这需要勇气和力量，但是很少人拥有这种勇气和力量，而且要以正确的方式进行。

 "对不起"的力量

如果你知道自己错了，那么说"对不起"是非常有效和不寻常的，因为在公司语言中这个词几乎不存在。要知道人在生气时什么都不愿意听。所以你经常需要重复道歉很多次才行：这会让人感到很沮丧，感觉就像别人在拒绝你和你宽宏大量的姿态。事实上，他们可能是因为情绪而导致无法倾听。另外，他们会从你的身体语言和语调中，而不是从你所说的话中获取更多的线索。所以，当你开始用手指指向他们，大喊着"看，我已经说了五次对不起了！明白了吗？"，如果他们怒火直冒，不要感到惊讶。

你也需要快速采取行动。尽早道歉：时间拖得越久，事情就越糟糕。一旦大家纷纷表明了立场，故事就被夸大了，开始小题大做了。所以，要在火势蔓延之前把火扑火。

> 在极端情况下，尝试一种截然不同的方法：道歉。

道歉骑士的故事

他拥有骑士的身份，并为此感到十分骄傲。对于任何事情，他都可以为英国而生，他也的确做到了。他认为骑士身份就相当于"教皇无误论"一样，赋予他极高的权威。

回想起来，当我告诉他他是一个傲慢而狭隘的人时，我的方法可能有点不老练。这位王国的骑士迅速爆发出一阵狂怒。

此时，我必须作出决策。我可以选择从原因或情绪这两个方面去处理冲突。如果从原因方面去处理，我可以解释为什么我觉得他傲慢和狭隘。但是，用理智去对抗情绪就像火上浇油一样，这不是一个明智的方法。你必须用感情来对抗情绪。我们可以再找时间来处理现实和事故。所以我决定道歉。我说了八遍他才听到。这个过程很痛苦。我想对他大喊大叫，因为他太蠢了，完全不听也不理会我的道歉。我真想在他面前换一种姿态。但是我保持了冷静，然后他也冷静了下来。

他慢慢地意识到自己的傲慢、狭隘和自负，在公众面前像个傻子。后来那天他一直在跟我道歉。所以我要再次向他道歉，一切都变得那么甜蜜和光明。

说"对不起"从来不是一件容易的事。但是早点说，一直不停地说，同时保持冷静，即使是最自负、最听不进去别人话的骑士也会明白你的意思。当然，最好是首先避免陷入这种境地。但是，那样的话生活会非常单调乏味。有时候，冲突是值得去勇敢面对的。（参见本部分的第32节和第35节）

用理智去对抗情绪就像火上浇油一样。

笔记:

31. 危机管理

这不可能发生在我们身上。灾难都是发生在别人身上的。抢劫、谋杀和暴力都属于另一个完全不同的世界,而我们身处一个美好、理性和安全的世界。然后,事情就发生了,你是领导者。你正在另一个国家参加会议,凌晨2:30你正在酒店房间里睡大觉,一个紧急电话把你叫醒:我们应该做些什么呢?媒体都在关注我们;董事会想知道发生了什么;朋友和亲戚都渴望得到消息;所有事情都在瞬间发生。局势是否在控制之中?见鬼,当然不是——这就是我们找你的原因,因为你是领导。请你告诉我们现在应该做什么。教科书委婉地称之为"关键时刻",接下来发生的事情可以使你成功,也可以将你毁掉。

危机管理并非始于危机,它在很早以前就有了。要认识到,问题不是危机是否会发生,而是发生了什么危机,在何时何地发生以及为什么会发生。

处理危机的方法分为三个步骤。

1. 预防;
2. 准备和实践;
3. 迅速、专业、积极主动地回应。

◼ 预防

处理危机最好的办法就是防止危机发生。与团队一起进行风险评估。

什么事情有可能会出错？列出主要类别：
- 法律：雇佣，歧视，产品责任，保密；
- 犯罪：诈骗，盗窃，恐怖主义，暴力，拒绝服务的冲击；
- 健康与安全：工作方法，产品污染和恐慌；
- 技术：数据丢失，断电，断水，网站或网络系统崩溃；
- 运营：失去服务、产品、关键员工；
- 财务：银行契约，被收购的威胁，应收账款；
- 市场：失去关键合同、客户、供应商。

找出在组织其他部门和同行中发生的主要危机。就像老将军们一样，你会发现自己正准备打最后一仗。但这也意味着你要准备应对最常见和最有可能发生的风险。

准备和练习

不仅要准备好应对以上已知的风险，还要准备好应对未知的和计划外的风险。当意想不到的事情发生的时候，你根本没有时间去准备。你需要有一些预先处理的反应，至少能帮你争取到一些时间，直到你能重新掌控局面。准备工作通常集中于决策和沟通方面。

决策清晰。明确谁有权批准紧急支出，与媒体、员工、业主和客户进行沟通。

沟通。大家相互之间应该如何沟通？你如何在半夜、没有人在办公室的时候找到他们？需要哪些关键人物一起来管理危机，如法律、公关、技术、人力资源等等？

花点时间进行实践。尽管火灾不太可能发生，但是每个组织都会进行消防演习。为其他灾难也作好准备——整个伦敦金融区都在定期进行灾难恢复演习。如果一个城市都能做到，那么一个组织肯定也能做到。

迅速、专业、积极主动地响应

英国科幻小说《银河系漫游指南》中有一句非常简单的格言："不要惊

慌。"这也可以作为应对危机的座右铭。可是,当别人都陷入恐慌时,在压力下是很难做到这点的。但在处理大大小小的危机时有一些共同的原则:

- 迅速地响应。要迅速作出响应,以确保一切都在进行之中,尽快解决危机。这种中立的响应是为了争取时间,同时找出到底发生了什么,并重新掌控局面。在危机的第一个阶段,情绪上的安慰和逻辑反应一样重要。这可能争取不到很多时间,但却很有帮助。
- 专业地回应。人们会根据你的表现和言行来评价你。相比看起来惊慌失措,如果你表现得平静、镇定、坚定,他们会作出更好的回应。
- 积极地响应。领导者需要避免让组织陷入推卸责任的游戏中。让团队专注于发现他们可以一起做些什么来重新掌控局面并继续前进。在这个过程中,他们很可能找出问题的根源:如果不知道当初为何会失去控制,就很难重新获得控制权。但是,你可以把调查留到以后。
- 主动地回应。你的任务是尽快制订出计划。随着事态的发展,计划将不可避免地发生变化。这并不重要,只要大家有计划,就能取得进展。如果感觉到有明确的方向,有可行的解决方案,正在取得进展,士气也将会提升。如果因为这个计划不完美而导致最初的努力中有50%被浪费掉了,那么应该高兴的是,还有50%的努力正在产生影响。随着事情变得越来越清晰,你可以更加专注,精益求精。

不要惊慌。

笔记:

32. 对付霸王

在后现代主义的方式中,流行避免批评个人的管理风格。虽然它可能是时尚的、后现代的,但也是错误的。这里我们将看到两个破坏性领导风格的例子:激进型的和被动型的。

激进型的领导者把自己想象成超级英雄。巡回会议和书店里充斥着这些超级英雄的故事。激进的超级英雄们认为,只有他们能拯救世界,因为其他人都太懒或者太笨了。这会造成以下的结果:

- 组织士气低落,许多人会离开;
- 没有有效的继任者,因为这样的领导者为了证明只有他们才能力挽狂澜,没有给任何其他人成长的机会:这就导致了当他们离开的时候会出现问题;
- 过分依赖于个人的成败:在美国,有相当多的英雄现在都官司缠身。

被动型的人不大可能成为领导者,除非这家公司是他爸爸开的。他们让自己和组织与成功绝缘。虽然在组织的高层没有被动型的人,但级别越低,被动型的人越多。作为领导者,我们必须与被动型和激进型这两种人一起工作。

表 32.1　个人风格

	被动型	自信型	激进型
特征	允许别人为自己作选择；拘谨；认为自己会输。	为自己作选择；诚实；自重；双赢。	替别人作选择；冒失，没分寸；自我标榜；想赢。
自己的感觉	焦虑，被忽视，被操纵。	自信，自尊，关注目标。	优越感，贬抑，控制。
给别人的感觉	负罪感或优越感；和你在一起感到沮丧。	重视，尊重。	羞辱，易怒。
别人如何看你	缺乏尊重，不知道你的立场。	尊重，知道你的立场。	报复心重，害怕，愤怒，不信任。
结果	以自己为代价失败了。	达成双赢。	牺牲别人赢得了胜利。

自信型的领导风格是最理想的：积极、专业、主动。它让每个人都能赢，而不仅仅是一个人赢（见表 32.1）。自信型领导风格的实质是：

- 明确你的日程和需求。
- 解释，而不是告诉；说服，而不是命令。
- 理解和尊重他人的需求。
- 在积极倾听与交谈之间取得平衡。
- 建立双赢的结果，而不是赢或输。

面对激进型的霸王，需要一点胆量来保持自信的风格。成功的要诀在于：

- 准备。明确你的利益所在。大多数时候，你可以通过在对你不重要的事情上作出让步，或者做一个柔道摔来避免一场争斗。找到一种方法，让你的利益与霸王的利益相一致，这样你们就能在一起合作，而不是互相对抗。
- 专业。不要轻易被激怒，然后开始争斗。霸王们很享受这种乐趣，不要上当。如果你和他斗，结果就是他一定会赢，而且会让你输，否则霸王的自我认知将被摧毁。这将是一场恶战，而霸王们比你更有战斗经验。
- 实践。一旦你习惯了，对付霸王就变成了有趣的游戏。你可以以超然的态度观察他们的滑稽动作，并作出适当的回应。如果霸王们知道自己在浪费时间，他们会去寻找更容易对付的受害者。

对于一个被动型的人来说，挑战是反过来的。自信型的领导者不需要从系统中吸收热量和能量，相反还需要注入一些热量和能量。这又回到了第三部分第 22 节的激励技能，介绍如何找到激励每个个体的触发器。

> 激进的超级英雄们认为，只有他们能拯救世界，因为别人都太懒或者太笨了。

笔记：_____

_____

_____

_____

33. 负面反馈

33.1 负面反馈:SPIN 模型

没有人喜欢给予或接受负面的反馈。但是,如果不告诉某人他没有达到期望,问题就会持续存在,也会误导这个人,而且会在以后造成信任和绩效危机。所以,要及时处理,引导这个人找到前进的方向。

SPIN 代表的是情况和细节(Situation and specifics)、个人影响(Personal impact)、洞察和询问(Insight and inquiry),以及下一步计划(Next steps),是用于给予负面反馈的一个简单而经典的框架:

- 情况和细节。在正确的情况下给予反馈。当人们看起来很平静的时候,这件事在脑海里就会被记住。不要在人们生气、紧张、心烦意乱或非常忙碌的时候给予反馈。当你给出反馈时,要明确你的目的(你为什么要这样做)、环境和事件。

- 个人影响。不要去评判对方,这容易引发冲突。说出他的行为给你什么样的感觉;感觉是无可辩驳的。例如,你可以说"你三次会见客户都迟到了,我觉得你认为他们不重要",而不是"你是一个懒惰的闲人";或者"当首席财务官发现你做的预算中有错误时,我觉得非常尴尬",而不是"你是一个连算数都不会的笨蛋"。

- 洞察和询问。问一些问题,看看这个人是否真正理解了这个问题,帮助他们探索和评估可选方案,并找到前进的方向。不要直接告诉他们,让他们自己去摸索。

• 下一步行动。双方就接下来要做什么达成一致。这就需要有一个积极的前进方向。你要思考可选方案和行动。此时,最好进入指导模式(参见本书第三部分第 24 节),让对方找出可选方案和前进的方向。他可能会想出一个比你更好、更相关的解决方案。无论如何,人们对自己的解决方案总归比对你的解决方案更有信心。让这个人总结下一步的行动计划。这是检验对方是否理解的一种最好的方法,人们只有在听到并充分理解后,才能很好地进行总结。总结也可以巩固他们自己的想法,他们会更好地记住反馈,并且会给予积极的期望。然后以书面形式进行跟进,确认是否得到了理解。

没有人喜欢给予或接受负面的反馈。

笔记:

33.2 负面反馈:实践中的 SPIN

给予负面的反馈就像引导一样,是帮助对方发现自己需要做什么。要问正确的问题,也要采用正确的风格。表 33.1 给出了一些成功和失败的提示。

表 33.1　找到合适的风格

成功	失败
具体的反馈	非具体的反馈
平衡正面和负面评价	都是负面评价
可以付诸行动的	不可付诸行动的
处理问题	攻击人
提问，让对方参与	告诉
了解情况	不了解

最后，除非你有很强的驱策力，否则给出负面的反馈是没有意义的。一旦你验证了这个问题，就要找到方法去解决它。如果用"发展""找到前进的道路"或"成功所需的技能和行为都要到位"等语言表达出来，反馈谈话将会更加积极和富有成效。每个人都有自己喜欢的语言。最好使用可以付诸行动的、着眼未来的、积极的语言。而回顾和分析（如"我们来看一下你是怎么把事情搞砸的"）这种话则多说无益。

练习4.2

给予负面反馈

和一个值得信任的同事一起，从以下的角色扮演中选择一个进行练习。在开始之前，请思考以下几点：

- 你将如何应用 SPIN 模型？
- 你观察到什么具体的情况？它们是如何影响你的？
- 你会问哪些开放性问题？
- 你想要看到的下一步行动是什么？

角色扮演：

1. 一个客户抱怨说，你的一个团队成员已经两次没有按时提交关键报告了。

2. 你的一些下属抱怨说，团队中有一个人太消极，影响了团队的士气和活力。

3. 一个向来表现非常好的团队成员突然没有达到你所期望的标准或时间要求。

> 帮助人们发现他们需要做什么。

笔记：

34. 倾听反馈

34.1 倾听反馈：发现真相

在大多数公司的文化中，老板都不喜欢给予反馈，尤其是负面的反馈。就像被抛弃的配偶总是最后一个发现真相，最后一个听说绩效有问题的人，往往是问题的制造者。

理论上，你应该能寻求反馈，你也应该能得到反馈。理论上，战争、饥荒和贫穷都不应该发生。但是实际上，你需要用三种策略来找出你的立场。

1. 注重行动，而不是言论：坐而言不如起而行。你的老板越是把更多、更重要的工作托付给你，你就越能知道自己做得有多好。如果你的工作量过大，工作要求很高，不要大声抱怨，这表明老板对你这个人很信任，看重你的工作能力。如果你发现自己有用不完的时间，而你的同事都很忙，那你就要担心了。你要去主动要求被分派任务，如果老板给你的回答闪烁其词或者搪塞你，那就表明老板对你没有信心。这时候你先去要求做一些简单的、你有能力完成的任务，来显示出你的能力并且建立信任。

2. 倾听无声之处。你知道对你的职位有哪些正式的评估标准，你也应该了解老板还会使用哪些非正式的评估标准。仔细聆听老板对你的评价，看看他讲的内容是关于哪些标准的。然后仔细听老板说了些什么，找出哪些标准没有讲到。如果老板在五个标准上都表扬了你，而有另外四个标准没有讲到，你应该问问自己（和你的老板）为什么没有提到这四个标准。最好的情况是,老板根本没有获得关于这些方面的信息;所以,应当确保你给他提供了所需的资料。也可能是老板有所顾虑。尽早了解清楚,然后你可以对此采取些对策。

3. 做你自己的老板。根据这些关键基准来评估自己:
- 我在正式的评估标准方面做得怎么样?
- 我在非正式的评估标准方面做得怎么样?
- 我和同事中做得最好的那个人相比怎么样?

这就是老板的思考方式。如果你自己已经思考过这些,至少你已经为与老板的评估会议作好了充分的准备。更重要的是,你能够采取行动确保自己有良好的表现。

最后一个听说绩效有问题的人往往是问题的制造者。

笔记:_____

34.2 倾听反馈:带着伤痛倾听

当你倾听反馈时,很容易出现问题。以下是最常见的三种错误:

1. "潘格罗斯博士的陷阱"。在伏尔泰的小说《老实人》中,潘格罗斯博士说:"在这最好的世界中,一切都是最好的。"我们都喜欢听好消息,有些人在听到坏消息的时候会选择性失聪。心理医生说,我们会拒绝接受事实。听到坏消息确实很痛苦,但是却很重要,这样我们才可以采取相应的行动。

2. "卡珊德拉[1]的陷阱"。卡珊德拉并没有说,"在这最糟糕的世界中,一切都是最糟糕的",但她仍然是一个痛苦的人。她总是预言厄运和忧虑即将来临。即使是阳光明媚的天气,对卡珊德拉来说也只是暴风雨即将到来的序幕。就像有的人听不得坏消息一样,有的人只要听到一点点负面评论就会立即陷入绝望。

你需要倾听两方面的反馈:如何发挥所长,以及找到方法应对弱项。有些老板建议"攻克弱项"。这种方法只会适得其反,没有人能够在自己的弱项上取得成功。就像运动员一样,领导者不会专注于自己的弱点,他们只关注自己的强项。

3. 感知的陷阱。感知可能不是真的,但它导致的后果是真实的。老板可能误认为你是个无所事事的人。虽然这种看法是错的,但是它导致的后果却是真实的。

当你听到坏消息时,不要采取防御或挑衅的态度,尽量客观地去倾听。回顾一下引导(本书第三部分第 24 节)和负面反馈(本书第四部分第 33 节)。确保你理解了彼此正在说什么,然后知道如何共同采取行动:

- 我们正在讨论什么问题?
- 这个问题有哪些具体的实例?这是偶然发生的小事,还是经常发生的重要事件?
- 处理这些问题有哪些可供选择的策略?老板会以怎样不同的方式来处理?
- 我们应该如何前进?
- 我们可以得到哪些指导和培训支持?
- 这说明了我应该承担什么样的任务?

---

[1] 卡珊德拉是希腊、罗马神话中特洛依的公主,阿波罗的祭司,被赋予预言一切的能力,但又因为抗拒阿波罗,她的预言不被人相信,只能眼睁睁看着痛苦的事情一件件发生。

- 下一步将会有什么样的实际行动？
- 我们什么时候再次碰面来检查进展情况？

确保会见结束的时候，双方已经达成了一系列积极的议题，确定你们将如何在这些议题上相互合作。通过让老板承担指导、培训或分配任务的责任，让老板也参与进来。然后加以跟进，在下次正式的审查会议上，在情感上、政治上或理智上都不再回到同样的负面问题上。

> 感知可能不是真的，但它导致的后果是真实的。

笔记：

35．出击

　　内部的敌人往往比外来的敌人更致命。竞争者可能会发起围攻，但至少他们还在城墙外，而你的同事一旦拥有手段、动机和机会的话，就会把刀架在你的脖子上。

　　有时候斗争是不可避免的，但是你要小心应战。《孙子兵法》主张只在三个条件下出战，而且这三个条件必须同时满足：(1) 合于利而动，不合于利而止；(2) 先胜而后求战；(3) 上兵伐谋，其次伐交，其次伐兵，其下攻城。

　　1. 合于利而动，不合于利而止。只在有利可图时才出战。公司中的大多数斗争都是为了些琐事。如果现在有一场微不足道的斗争，靠边站，让别人去自陷泥潭。必要的时候，你可以摆出高姿态，作出些让步。这样你也就获得了一些信用，别人会欠你一个人情。

　　2. 先胜而后求战。只在有十足的把握取胜时才出战。在华尔街，如果你不知道谁是替罪羊，那么你就会成为替罪羊。如果你必须出战，那就一定要赢。英雄死去了就不可能复活。大多数战役在开战之前就已经决定了输赢，确保你在出战之前有足够的政治支持和弹药。

　　3. 上兵伐谋，其次伐交，其次伐兵，其下攻城。只在别无选择时才出战，赢得朋友总是好过于赢得争论。如果你赢了一场争论但树立了一个敌人，即使争论早已被遗忘，敌人仍然会记得你。

　　英国著名海军统帅纳尔逊（Lord Nelson）在与法国及其盟友的多次战役中提出了另一种策略："我手下的舰长，只要将他们的军舰紧挨着敌舰，就肯定不会犯太大的错误。"这是一种极端进攻主义的原则,有时他只是让英国舰队的一些小战舰去攻击法国战舰。但是法国舰队知道,如果他们出海就必须出战,所以他们选择在港口按兵不动,结果导致自己战斗力迅速减弱。

> 内部的敌人往往比外来的敌人更致命。

"纳尔逊原则"被企业家和一群自称英雄的领导者所追捧。这个原则一旦发挥作用就非常有成效,领导者也可能因此登上《财富》杂志封面。不过,在每一位英雄领袖成功之前,已经牺牲了成千上万个想要成为英雄的人。

> 如果你不知道谁是替罪羊,那你就会成为替罪羊。

这是你的生活,由你自己来决定。

> 赢得朋友总是好过于赢得争论。

笔记:

36. 权力

从理论上讲，聪明友善的管理者都会达到职业生涯的顶峰。你需要聪明（智商高）和友善（情商高），这样你才能把问题和人都"打理"好。理论上，世界上也不应该存在战争、饥荒或莫里斯舞。

但是我们来看一下现实，看一下在你的组织中取得成功的那些人。很有可能那些聪明友善的人都已经离开公司或者被边缘化了。与此同时，那些不那么聪明、不那么友善的人却莫名其妙地爬到了组织的最高层。聪明和友善可能会对你有所帮助，但是很明显，还缺少些什么东西。光有IQ（智商）和EQ（情商）是不够的，还需要有PQ（政商），即办公室政治智商。

PQ是一种艺术，通过不受你控制的人来完成事情，是扁平型组织里的一项核心技能。你只有通过影响同事、客户和供应商才能取得成功。就像大多数与领导力相关的事情一样，PQ是可以学习的，也可以通过学习来提高。要获得PQ，你必须做到以下这些：

• 建立信任。要履行自己的承诺；找到与同事的共同之处，如共同的利益、需求和优先事项；为你的同事提供方便——消除风险以及与你共事的障碍。

• 培养下属的忠诚度。要显示出你对团队中的每一个成员和他们的职业生涯都很重视；理解他们的需求；管理他们的期望；尽早积极地通过进行艰难的谈话来建立信任；永远履行你对他们的承诺。

• 关注结果。设定整个组织可见并对整个组织有影响的清晰目标，并朝着这个目标努力。

- 掌握控制。为你的部门制订一个清晰的计划，知道你的工作会产生什么不同的结果；建立正确的团队，为你的计划争取到充分的预算和支持。不要认为你所继承的计划、团队和预算是神圣不可更改的。
- 有选择性地出战。只在有利可图时才出战；只在有十足的把握取胜时才出战；只在别无选择时才出战。
- 管理决策。理解怎样才是理性的决策（怎样才是最佳的成本—风险—收益平衡？），管理办公室政治（CEO和权力追逐者们有什么期望？）和情绪化的决策（我最自信的是什么？我的团队会对什么有承诺感？）
- 扮演好自己的角色。你的行为要和组织里其他有影响力的人一样；要积极、自信和果断；要表现得像个高层管理者，而不是给他们拎包的。
- 有选择性地不讲道理。敢于拓展自己、团队和他人；敢于超越常规、走出舒适区来作出改变，这样你能够从中学习，产生影响，并建立影响力。
- 接受模糊情况。危机和不确定性都是绝好机会，可以让大家对你刮目相看，掌控局面并填补空缺，然后质问是谁把事情弄成这样的。模糊情况反而能让领导们大放异彩。
- 不用它就失去它。控制自己的命运，否则就会被别人控制；你只有发挥自己的影响力，才能保持影响力。

笔记：_____

_____

_____

_____

37. 管理逆境

有时候事情看起来的确很凄凉。所有的领导者都会遇到危机,就连丘吉尔也曾有过"落魄岁月",那是一段长达 20 年的逆境。

当我们面临重大逆境时,通常要经历五个阶段。这是伊丽莎白·库伯勒-罗斯(Elisabeth Kübler-Ross)在对死亡过程的研究中发现的(《论死亡与临终》,*On Death and Dying*),经常被看作人们在面临生活中的重大挫折时所经历的阶段:

1. 否认:"我不能走下坡路(在现实生活或工作中)。我是一个赢家。"
2. 愤怒:"为什么是我?这不是我的错。这不是我应得的。"
3. 讨价还价:"有出路吗?如果我做 x 或 y,能争取到一些时间吗?"
4. 沮丧:现实来临了,但在黑暗中似乎没有前进的道路。
5. 接受:"我接受命运,然后准备重生去过另一种生活。"在公司里,这就是领导者如何掌握控制并启动重生的过程:在一家公司中死亡,然后在另一家公司、公共事业、志愿服务或创业中又重新开始领导生涯。

如果你有这样的感觉,说明你很正常,你是一个在遭受损失和身处逆境时有正常反应的人。

从领导者的角度来看,这些都是毫无益处的反应。不作为、抑郁或者责备他人都无助于成功或从逆境中恢复。如果你想从逆境中恢复,就需要专注于未来:

- 创造选择方案。在你当前的环境或其他环境中找到成功或从逆境中恢复的方法。

- 采取控制;积极主动。不要等别人来掌控你的命运。
- 找到平衡。你的灵魂并没有出卖给雇主。要知道什么对你自己是最重要的,然后专注于对你最重要的事情。

不要去读尼采的作品,它只会让你在逆境中感觉更加糟糕。但是要记住他说过的一句很有用的格言:"但凡不能杀死你的,最终都会使你更强大。"大多数领导者都会从经验和逆境中学习。熬过逆境能够帮助你构筑知识体系并练就韧性。

 练习4.3

回顾逆境

回顾你遇到过的一个重大挫折:

- 在经历逆境的五个阶段时,你的感觉分别是怎样的?
- 你是如何对待每个阶段的?
- 你怎么样能处理得更好?

下次面对重大挫折时要记住这一点:充分的准备会使你更加坚强。

> 为了从逆境中恢复,你需要专注于未来。

笔记:___

第五部分
日常技能

38. 阅读

我们当然都知道如何读、写、说、听,不是吗？只是我们的同事老是写一堆废话,从来没有认真聆听过别人说话,不去阅读我们写的优雅的文字,然后他们枯燥无味的演讲让我们无聊到想哭。

其实,我们都是彼此的同事……

社交阅读与商务阅读是不同的。在社交阅读时,我们想让自己的头脑充满惊喜、喜悦或震惊。而在商务阅读时,我们不希望自己的头脑随机地充斥着作者所写的东西。我们需要带着偏见去阅读,按照我们自己的节奏去阅读,这样就不会被面前文件的内在逻辑和华丽辞藻所左右。

在社交阅读时,可以让作者控制并引导我们。而在商务阅读时,读者需要自己掌握、控制,被作者牵着鼻子走很容易误入歧途。

下一页的练习也可以应用于会议。在不断练习之后,你就会熟稔于心。你会看上去很有洞察力,很有前瞻性,你总是能提出问题,发现遗漏,然后付诸行动。归根结底,因为你一直在学习如何阅读,带着偏见、议程和充分的准备去阅读。

带着目的阅读(开会)

在阅读一份重要的商业文件之前,花点时间记住以下三件事:

1. 我对正在讨论的问题有什么看法？这样有助于你不被内部逻辑所吸引。你有了自己的观点，就可以用同事们从未想过的观点来引导他们，因为他们会被眼前这篇文章的内在逻辑所吸引。

2. 我希望涵盖哪些主题？这可以帮助你发现那些被忽略的东西。你也可以这样想，"我想问什么问题，回答了什么问题？"当你发现那些被忽略的东西——写作者希望你不会注意到的那些空白时，会显得你很有才华。

3. 当我见到写作者的时候，想有什么行动或者引导需求？这样你可以建立自己的议题，而不是被写作者的议题牵着鼻子走。你现在看起来像一位优秀而睿智的教练，积极、有建设性而且乐于助人。

> 社交阅读与商务阅读是不同的。

笔记：_____

39. 写作

我们不可能都是莎士比亚,我们也不需要成为莎士比亚。但是我们需要知道怎样写作才会有效果。我认识的最好的编辑曾经给过我五个写作技巧。我仍然做不好,但至少我试过了……

◼ 为读者而写

你写给谁?为什么写?问一下自己,为什么读者要阅读你的文件,你期望读者读完以后有什么反应。这是关键的第一步,由此你可以决定这份文件的目的、大纲和基本内容。如果你不清楚读者是谁,很可能最后这份文件会显得目的不清。

如果你是为一群人而写,找出哪些人对你来说是最重要的。你要能影响一到两个决策者,文件内容要集中针对他们,而不是取悦所有人。一份有重点的文件比一份缺乏形式、方向、主干或目标的百变文件要更为强有力。

◼ 讲述故事

你想让读者记住一个什么样的标题?构建一个大纲来支持这个标题。把和标题无关的废话都删掉,这样才能显得清晰、有重点,而且不要一开始就把你费了很多努力得到的事实和数据都抛出来。

一开始先问:我需要传达什么信息?信息只要一条就足够了,两条就会让大家搞不清楚文件究竟是写给谁的,他们一个星期会看到几百份这样的文件。这份文件是写给谁的,信息也要写给这个人(见上文)。

然后再问:支持这条信息所需的最小信息量是多少?还有其他信息能直接支持这条信息吗?所有其他信息都可以移到冗长的附录里,虽然大家都不大会去仔细阅读,但是可以证明你做了很多工作。

即使你只是在写一份常规的报告,仍然有机会用故事来讲述公司里正发生什么,以及接下来会发生什么。每份文件都应该有明确的目的,而目的则应该通过一个故事来传达。在数据被遗忘很久之后,故事仍然会被记住——如果你曾经费心去想出故事的主线。

简洁明了

要使用短语和短句。记住这个原则:在写作时,句子要尽量简短,每一个想法最多用12个词语来表达。写短句比写长句要难得多。正如丘吉尔在写给他妻子的一封长信的末尾所示:"很抱歉,我给你写了这么长一封信。因为我没有时间写一封简短的信。"如果你有一个清晰的故事大纲,你应该能够写得简洁明了。

生动

被动语态和非人称动词并不会让文件看起来更商务化,反而会使文件读起来枯燥乏味。如果你想要读者愿意阅读你的文件,就得让它有可读性。

用事实来支持主张

如果某件事很重要、很紧急或者具有战略性,那就要向读者解释为什么它很重要、很紧急或者具有战略性,否则就会引发读者的争论:"这对于你来说很重要,但是对我来说并不是。"注意:一个不好的事实会让读者不相信你写的任何东西。

练习 5.2

写出可读的东西

找出一份最长的 PPT 演示材料,把它浓缩成一个最多 10 个字的标题。然后就这个标题起草一个最多 100 字的故事。然后再起草一份 6 页的新的 PPT。看一下是短的版本更有影响力,还是长的版本更有影响力。

> 我们不可能都是莎士比亚,我们也不需要成为莎士比亚。

笔记:_____

40. 演讲

40.1 演讲:内容

我们都领教过冗长乏味的演讲,充满了演讲者的妄自尊大和语无伦次。在我们演讲的时候,切勿让别人经历同样的遭遇。

演讲有一个简单的出发点,就是运用写作技巧来构建你想要讲述的故事和内容。古希腊人把当众演讲当作一种艺术形式。对于他们来说,好的演讲有三个要素,即理念、精神和感染力。对我们而言也是如此。

1. 理念(或逻辑)。好的演讲者能迅速地回答这个问题:"为什么我作为听众,要听你说?"然后他们会先告诉听众他们准备说什么,然后一一说出来,最后总结他们说过的内容,清楚、简单、有效,百分之百没有拙劣的玩笑。第一分钟的演讲必须有逻辑:你要确定他们为什么要听你说。他们要从你那里听到什么问题、什么机会或者什么观点?

2. 精神。这里回答的是"我为什么要相信这个人?"这个问题。要快速地建立信誉;用事实来支持你的主张。通过引用曾经帮助或支持你做事情的人说过的话来获得信任。

3. 感染力。这是与听众建立情感联系。光有事实和逻辑是不够的,要讲故事,并且把你要表达的主旨与他们的需求和经历联系起来。

如何建立理念、精神和感染力都取决于你在和谁说话。听众越多,就越复杂。在这种情况下,要找出谁是你真正想影响的人。可能只是一两个非常重要的人。把努力集中在那些人身上,这样整个演讲更加有重点,更加生动。对于那些你想说服的人来说,也更有说服力。

成为一名伟大的希腊式(商业)雄辩家

为以下主题找到你的理念、精神和感染力:
- 在一个有300多位听众的行业会议上介绍你的公司。
- 在公司的放松日,与20个人的团队回顾你学到的关于领导力的知识。

理念、精神和感染力。

笔记:_____

_____

_____

_____

40.2 演讲:风格

风格很重要。我们所获取的70%以上的信息都来自于视觉。所以,如果你口笨舌拙,穿得像个流浪汉,又像一个处于荷尔蒙期焦虑的青少年一样无精打采,就算你传达的信息再有光芒,听众也不感兴趣。相反,你要关注以下三个方面:

1. 能量；
2. 热情；
3. 兴奋。

想一下你参加过的最糟糕的演讲,它有上述三个特征吗？可能没有。以下是一些对你有用的实用小贴士。

■ 扔掉剧本

如果照本宣科,你就会显得很呆板。相反,你只要记住开场白,保证有一个好的开始,然后记住结论,保证有一个好的结尾。再记住一些可以在演讲过程中插入的短语,每一个短语都是演讲过程中的一个路标。这样,你就能保持演讲的结构和纪律,听众听着也比较自然。

■ 避免复杂的幻灯片

如果你准备了幻灯片,这里有一条原则,就是幻灯片可以做得很傻,但演讲者一定要聪明。幻灯片只需要有三四个关键词语来帮助听众了解你在讲什么,而由你来提供详细的解说。最糟糕的是,幻灯片做得很详细,把所有事情都解释得很清楚,而演讲者照着幻灯片读,甚至比听众读得还慢。

■ 昂首挺胸

站立时把重心放在前脚掌,保证脚后跟下面可以穿过一张纸。重心放在脚后跟会让你显得无精打采,没有活力。

■ 与观众互动

直视对方的眼睛,而不是凝视着中间。不要一直盯着一个人看。要保持这样一个节奏,当你看一个人的时候说完一个短语或一个句子,然后转向房间的另一边,看着另一个人说下一个短语或句子。这样会有三个重要的效果：

1. 当观众都知道要直接与你互动时,他们会感到很兴奋并且很专心。

或者换个说法：如果你忽略他们，不要感到惊讶，他们也忽略了你。

2. 你会非常清楚地知道听众对你有什么样的回应。

3. 你自己的能量水平会上升，你会显得非常专注，观众也会更加精神饱满，更加专注。

排练

排练得越多，你就会感到越自信、越舒服。即使你不能从头到尾进行排练，也要确保至少做了以下的排练。

- 认真排练最开始的 30 秒。当你刚开始演讲的时候，是最紧张的，也最容易出错。但是，如果你在前 30 秒中表现得很完美，你的开场就显得非常平稳和自信，观众会和你有互动，你也有时间平静下来。

- 排练你想用来在关键点做承上启下的关键短语，从逻辑流程的一个部分转移到下一个部分。选择适当的短语，人们在其他事情都忘记之后很久还会记住它们。

- 排练最后 30 秒。"大家有什么问题吗？"这样的结束语会显得苍白无力。有效的结束语要包含对听众的呼吁，如"祝愿你们在这次伟大的冒险中都取得成功"，"我期待着与你们每一个人在这个激动人心的项目中合作"，或者"我们现在每个人都能持久地建立传承"。

还有两个要素能够大大强化上述三个要素：专业和享受。如果你在这个主题上是专家，你在演讲的时候就会放松并享受演讲。如果你很享受演讲，听众也会很享受。如果你讨厌演讲，那也不要期望听众会喜欢。

演　　讲

试着告诉某个人你们公司的成本分配制度是如何运作的。看一下你和听众谁先睡着。

现在,试着回忆一下你职业生涯中最难忘的一件事情。你会自然地展示这五种要素:能量、热情、兴奋、专业和享受。这个简单的练习告诉我们,我们都能够成为一个好的演讲者,我们只需要把自己的技能转移到大舞台上。

> 幻灯片要做得简单,但是演讲者一定要聪明,而不是反过来。

笔记:

41. 讲故事

试着做以下这项简单的练习:
- 回忆并解读一个月前的一张电子表格。
- 回忆并讲述一个月前的一份备忘录或电子邮件。
- 回忆并复述一个月前听过的一个故事。

通常这项练习能产生效果。但是,千万不要找一群精算师来做这项练习,否则在接下来的三个小时里,你将听到他们为你讲述制作电子表格的过程中经历的灾难和胜利。等回到地球上,大多数地球人发现,回忆一个故事比回忆一张电子表格或一份备忘录要容易得多。只有当演讲者讲述一个故事,而不是堆砌华丽的辞藻和花费很多天甚至很多个星期计算出的数字,演讲才能被记住。

领导者都懂得故事的力量。一个好的故事容易被记住,而且它的情绪强度是任何事实和论点都无法比拟的。大多数公司的故事讲述的都是正在经历的旅程,以及沿途的障碍和机遇。成功的领导者往往也是一个讲故事的高手。

一个好的故事有以下几个要素:
- 对听众或读者有意义和相关性。记住你是写给读者的,而不是写给你自己。
- 故事大纲:

——开头:通常讲述英雄或组织面临一个挑战。如何克服挑战在开头阶段不能明确,否则就没有了悬念,听众也没有兴趣听下去。

——经过:讲述了挑战具体是什么样的,如何被克服的。

——结局:解决了挑战,通常得到了一个教训,或者突然顿悟,或者逆转了命运。最好的故事都有悬念和不确定性。

——情感影响:读者或听众应该能够在故事中看到自己的影子,并且应该能够看到自己如何克服挑战。

——真实性:这个故事应该发自你的内心,这样你的语气和激情才会融入其中。

- 这个故事应该与讲故事的人和听故事的人都知道的现实有关。

如果要想看故事在行动中的力量,看看金融媒体对董事长和CEO们的报道。他们往往会被一些简单的标题所吸引:

"价格战一触即发,我们严阵以待。"

"以规模降成本,兼并其他公司。"

"低端市场,舍我其谁。"

"进入弱周期性市场,收入来源多样化。"

"重新审视核心业务,出售其他业务。"

这些简单的标题可以反映几个月的工作,推动整个组织的努力和成败。但它们都是非常简单的信息,大多数人都能很容易记住并付诸行动。

伊万的可怕的一天

伊万感到非常绝望。他想尽一切办法表明公司需要在战略上有重大的改变。他在许多报告和PPT中都提供了图表、数据和研究结果。他越是反复强调事实和数据,事情就变得越糟;有的人挑剔他的数据;有的人则在大量的数据面前干脆不说话了。他沮丧地走到白板前,画了一张图。

> "看",他说,"我们在河的这边。竞争对手占领了我们的领土,不停地攻击我们。这些绿色的牧场在河的另一边,还没有被占领。好消息是,如果我们能与合适的伙伴合作,就会有通向这些绿色牧场的桥梁。我们必须现在就行动,以免错失良机。"
>
> 然后是鸦雀无声。大家看了看照片。也许可以用一些具体的数字来进行反驳,但是每个人心里都知道不能反对大局。事实摆在他们面前,他们知道必须采取行动。这个会议的焦点从分析和否定转移到了研究如何跨越桥梁。从那时起,"跨过桥梁到绿色牧场"成了组织语言的一部分。

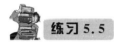

讲述你的旅程故事

编一个故事,讲述在组织里你正经历的一段旅程。如果听众是你的团队成员、其他部门成员或者CEO,故事应该有什么不一样。思考以下几点将对你有所帮助:

- 关于这个旅程,他们需要知道些什么?
- 他们在旅程中的角色是什么?

讲述你所经历的旅程:你是否在正确的道路上,还是需要转向另一条路?

> 一个好的故事容易被记住,它的情感强度是任何事实和论据都无法比拟的。

笔记：_____
_____
_____
_____

42. 倾听

倾听是领导者的秘密武器。告诉人们应该做什么、如何改进或者如何解决他们的问题是很容易的。不要只是说,要试着去问和听。让他们自己去发现应该做什么以及如何改进。让他们自己去发现问题的答案。这样他们就有了更多的归属感和对前进道路的承诺,在这个过程中也能学习到一些技能并培养独立性。

有效倾听有三个要点:

- 复述。当别人说话时,试着把他们说的话复述给他们听。如果说得对,对方会很高兴你听得这么认真。如果你说错了,也能避免将来出现误解。复述与同意不一样,它只是表明你理解了对方所说的内容。

- 问开放式问题。问题越是开放,对方就说得越多。一个封闭式问题只能得到"是"或"否"的答案,它提供的信息很少,经常会导致冲突。开放式问题通常是"你会怎么……","他们为什么……",或者"如果……你会怎么做"。封闭式问题通常是"你是否同意……",或者"我们是否要……"。

- 总结汇报。在任何重要会议之后,花几分钟时间与同事进行总结汇报,你们会听到和看到不同的东西。总之,你要尽快获得更多的情报和反馈,而不是在会议中疯狂地涂鸦。一份有效的总结汇报包括以下内容:

——热点问题:会议中每个人的热点问题各是什么?我们是否有效地回应了热点问题,让大家都带着自己的问题参与进来?大家的热点问题是相同的还是不同的?

——"警钟问题":大家对于我们所说的内容提出了哪些反对意见、问题和挑战?是否得到了处理?接下来我们要怎么做?

——角色:谁在会议中扮演什么角色?谁是真正的决策者?他们是否有共同的议程?

——肢体语言:大家对于每个话题的感觉如何?

——我们自己的表现:我们做得怎么样?我们单独或者作为一个团队是否能做得更好?下次我们如何更好地分配责任?

——下一步行动:接下来会发生什么?谁会去做?

倾听柔道术

克里斯是倾听柔道术方面的专家。他总是有强烈的见解,喜欢随心所欲。但是他这样做不是通过说,而是通过听。他很聪明,知道最好的办法就是在会议刚开始的时候只听不说。

当大家都表达了自己的观点,而且因为互相矛盾而彼此抵消的时候,克里斯就会介入进来,总结他所听到的内容。然后,他会仔细地从每个人身上提取一些半成形的想法。他会把凯特、茱莉亚、吉姆和阿米尔提出的好想法介绍给团队。当他这样做的时候,你可以看到凯特、茱莉亚、吉姆和阿米尔满脸骄傲。每个人的想法不仅在叽叽喳喳的会议上被听到,而且他们自认为那是一个个聪明的想法,又明确了是谁提出的想法。现在每个人对克里斯都言听计从,没有人会再反对他,因为反对他等于反对他们自己的想法。

很自然地,克里斯的总结恰好支持他走进会议室时就预先决定好的议程。到他的总结结束的时候,战争也就结束了。克里斯不仅赢得了智力上的战斗,而且赢得了一屋子的朋友。

在会议结束很久以后,克里斯仍然会把所有伟大的想法都归功于他人,而不是自己。因此,他与同事之间建立了非常忠诚的关系,而且这些想法也不会被挑刺。

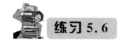 **练习 5.6**

倾听技巧

在和同事进行角色扮演中尝试一下重述。在你的同事发言之后,通过说"所以,你的意思是……"或者"如果我对你所说的进行总结……"来总结对方说的话。

列出在不同情况下你可以问的开放式和封闭式的问题。首先要注意别人问的是什么类型的问题,以及这些问题是否会得到有效的答案。

向一个与你一起参加会议的同事作总结汇报,测试你的倾听技巧。你可以问以下问题:

- 谁说了什么?(谁支持?为什么?谁反对?为什么?)
- 大家在不同阶段有什么反应?(身体语言和话语)
- 你是否了解出席会议的每个人有什么态度和优先事项?

给自己录像,然后专注于提问。在纸上画一个T字形。在T字的一侧,记录你问的开放式问题。在T字的另一侧,记录封闭式问题。这些问题引起了什么样的反应?

> 倾听是领导者的秘密武器。

笔记:_____
_____
_____
_____

43．玩数字

管理者们使用数字，就像酒鬼抱着灯柱一样，是用来支撑的，而不是用来照明的。我们都知道答案应该在电子表格的右下角。因此，我们就操纵假设，直到出现正确的数字。为保险起见，再加上一点安全系数。

对于领导者来说，看电子表格并不是看数字，而是看数字背后的假设。一个成功的领导者有三种方法来测试数字：

1．了解所有的关键数据。你是公司的领导，你应该知道关键数字和比率。不要被整张电子表格搞晕了，要看其中用到的关键数字和比率，看看它们是否符合你的预期。如果不是，就努力找出原因。

2．玩假设分析的游戏。你不仅要知道关键的数字和比率，还要知道业务中所有的关键敏感指标。它们可能是价格、市场份额、市场增长、成本、利率或其他东西。问一下作了什么假设，如果在这些敏感指标上作不同的假设，结果会发生什么变化。

3．知道是谁给出的数字及原因。给数字的人的可信度直接关系到数字的可信度。一个有良好业绩记录的高管所作出的谨慎的利润预测，远远好过于一个未经测试的高管所作出的令人兴奋的利润预测。把这个逻辑反过来：如果你是提出数字的人，确保你自己是可信的。在最后给出数字之前，先从财务部门和经验丰富、值得信赖的高管那里得到支持。

领导者还需要知道这些数字背后的动机。如果不像醉汉抱着灯柱那样使用数字，高管们会像律师使用事实一样来使用数字。他们会选择性地使用数字来证明自己的观点。

练习5.7

数字(和假设)游戏

在一张白纸上写下你公司的关键数字和比率:关于金融、市场和人员等。然后把你写的数字和实际数字进行比较。列出一张关键数据列表,包含你需要的神圣而严肃的数字和比率。认真学习。

玩数字游戏。看一下公司的预算或五年计划:哪些是关键的假设?你如何合理地改动数据来产生巨大的损益?你能采取哪些行动来影响关键假设,产生积极的结果?

> 管理者们使用数字就像酒鬼抱着灯柱一样,是用来支撑的,而不是用来照明的。

笔记:_____

_____

_____

_____

44. 解决问题

44.1 解决问题：回答正确的问题

解决问题的第一个原则是：不要凡事都自己去做。单独一个人的回答很少会比集体的回答好。即使是一个很好的解决方案，如果没有其他人一起参与，你将不得不花费大量的时间让别人接受你的解决方案。所以，让他们和你一起解决问题，共同找出解决方案。

然而，作为一个领导者，你不能简单地告诉别人有一个问题。你要彻底地作全面考虑，了解以下各点：

- 你有正确的问题。
- 你关注的是原因，而不是症状。
- 考虑到技能、利益或在组织中的地位，你知道谁必须参与解决问题。
- 你已经得出了一些经过深思熟虑的选择方案。
- 你知道解决问题的知识体系或方法。

其中最关键的一步是找到正确的问题。对于所陈述的问题，你要问三个问题：

1. 这是谁的问题？谁最希望解决这个问题？
2. 如果问题不解决会造成什么后果？
3. 解决这个问题会有什么后果？

如果这些问题有令人信服的答案，你可能拥有正确的问题，并且很快就会发现谁是解决问题的合适人选。

练习5.8

确保你在解决正确的问题

有很多好的练习展示了集体解决问题比个人解决问题更加高效,你可以登录网站 www.wilderdom.com 选择练习内容。

看一下你当前的项目,它们在这三个问题上的进展如何:

1. 这是谁的问题?谁最希望解决这个问题?
2. 如果问题不解决会造成什么后果?
3. 解决这个问题会有什么后果?

找到正确的问题。

笔记:_____
_____
_____
_____

44.2 解决问题:方法和技巧

欢迎来到鱼骨图、六顶思考帽、头脑风暴、综摄法、SWOT 分析法、帕累托分析法、决策树、卡片展示法、映射、芝加哥规则、概念迷和许多其他解决问题技巧的世界。在网络上有无数的资源可以用来解决问题,如果你需要的话,它们可以提供很多帮助。

任何解决问题方法的基础都是相对简单的:

- 理解问题。明确谁有问题以及解决和不解决问题的后果是什么。充分了解问题,知道你在关注的是原因,而不是症状。通过不停地问"为什么"找出问题的根本原因。

- 创建假设。有的人主张进行彻底的头脑风暴("如果我们用黏糊糊的糖浆覆盖纽约会怎么样?"),但当你真正地理解了问题,答案往往就在不远的地方。我们要做的是建立洞察力而不是古怪的想法,是要从新的角度来看待这个问题。我们的客户如何看待这个问题?竞争者会如何利用这个问题为自己谋利?这个问题在其他国家或其他行业是如何处理的?

- 评估并选择最好的假设。不要浪费时间去逐个评估每一个选择方案。让小组成员们选出两三个他们最想评估的。最好的想法会自然而然地显露。如果你是小组领导,你可以使用领导者的权力增加一个选择方案让小组进行思考。

- 深入分析,得出行动计划。如果前三个步骤完成得很好,那么这个就会是最简单的步骤。深入分析可能会发现进一步的小问题,也可以用同样的方法解决。

■ 引导技术

以下是在头脑风暴、解决问题和团队建设会议上应当遵循的一些简单规则。你应该请一位引导师来执行规则。就像体育比赛中的裁判一样,引导师必须避免偏袒任何一方。引导师的工作是执行规则。有些引导师有一大堆规则,那样只会阻碍讨论效果。在大多数情况下,你只需要 4 条规则。大家只能记住和遵守 4 条规则。没有人记得住 50 条规则,你也不可能遵循自己记不住的东西。这 4 条规则是:

1. 收益先于顾虑。聪明的人往往喜欢通过展示他们分析了问题并发现弱点来显示自己很聪明。这是一个很好的生存策略:避免做蠢事。但这也意味着,我们会在还没看到收益之前就扼杀很多好的想法。在看到顾虑之前先了解收益做起来要困难得多,但也更有成效。

2. 不要有"热追踪导弹"。这是"收益先于顾虑"的极端版本。当一个想法被聪明的智能导弹击落的时候,每个人都会很快意识到,有想法是危险的,所以他们会闭口不谈,于是有建设性的思考就此终结。

3. 标题先于细节。想想报纸:一个三四个字组成的标题就概括了你要了解的故事主旨。不要让人们发表长篇大论的演讲,而是专注于如何得到他们的想法。这样引导师的工作会容易一些,在白板上写出标题就可以;在白板上写一篇演讲是不可取的。

4. 积极地表达顾虑。不要去说"这太愚蠢了/太贵了",试着这样讲:"我们怎样才能提高成本效益?"第一种说法会导致冲突;第二种才是富有成效的讨论方法。

就像一个好的空中交通管制员一样,一个好的引导师能确保所有的想法都能在白板上安全落地。当很多想法同时出现的时候,引导师要把一些想法先放在等候区,直到弄清楚以后才着陆。一个好的引导师能够让这一过程进行得很自然,对团队很有成效。

练习5.9

运用解决问题的方法

选择以下任意一个主题,使用这个框架与同事进行讨论:
- 你将如何减少犯罪?
- 你将如何提高养老金?
- 你将如何增加储蓄?
- 你将如何击败竞争对手?

你不可能遵循自己记不住的东西。

笔记：_____

_____

_____

_____

45. 时间管理

时间管理不是为了让自己变得忙碌。我们都已经很忙了,有数不清的工作要做。时间管理是关于如何有效地利用我们的时间。这里有很多小贴士和技巧,比如:

- 每个文件或电子邮件都一次搞定。
- 第一次就做对。
- 保持办公桌的整洁,让自己思路清晰(希望你不是用的木质办公桌……)。

我们再简单一点。下面的练习能帮助你做到比大多数人更有时间效率。

> 保持办公桌的整洁,让自己思路清晰(希望你不是用的木质办公桌……)。

提高时间管理能力的三种方法

1. 确定你真正想要和需要做什么。这是一份老套的清单,列出一年、一个月、一周和一天的目标和优先事项。目标重点清晰能让你更容易知道什么不该做,如何进行授权,要避免哪些时间陷阱。有一个简单的方法能测试时间是否很好地被利用,即问自己:"二十年后,当我记起这一年的时候会想到什么?"请放心,你将不记得今年你发送了多少封电子邮件或者你拿了多少奖金,你会记住自己完成的事情。如果一年的时间太长,想不清楚,那么就问自己:"在年底的时候,当我记起这个月的时候会想到什么?"你不会记得按时收到了费用报告,或者发送了620封电子邮件。

2. 了解你到底做了什么。花几天记录自己的活动日志,看看是否有优先级。确定哪些事情可以授权,哪些可以少做或不做。如果规定每周工作35个小时,那么在去除了休息时间、上网时间、私人电话、闲聊、无聊会议、午餐和制订休假计划、办公室聚会或婚礼之后,有的人每周至少要花100个小时在办公室里做完这35个小时的工作。

3. 将任务清单按优先级进行排序,并按顺序处理。这应该出自你的目标清单。ABC分析(或红/黄/绿)是一种简单的方法,用来将时间和任务按照优先顺序进行排列,这样你就可以先做A列的事情,再做B列的事情,最后做C列的事情(如果有的话)。在重要事项和紧急事项之间有一种权衡。柯维(Covey)的忠实信徒们认为,你应该只关注重要的事情。那么,什么时候去做紧急的事情呢?如果我们只做重要的事情,就会出现汽车有发动机但没有无线电、加热器、动力转向、侧窗和丝毫舒适性的问题。同样地,如果你只做紧急的事情,那你就会整天处于恐慌和救火状态之中。不要去理会那些自称大师者的花言巧语和所谓的理论,要找到一个对你自己有用的平衡点。

> 你不会记得今年发送了多少封电子邮件。

笔记：

第六部分
组织技能

46. 在不确定情况下作决策

幸运的是,作决策这件事是非常难而且模棱两可的。要是作决策很容易的话,我们早就被软件取代了。不幸的是,作决策这件事是非常难而且模棱两可的。决策也是有风险的,没有人想戴上决策错误这顶傻瓜帽。

在缺乏所有所需的数据,缺少时间和资源,面临无尽的冲突和不断变化的压力的情况下,领导者可以运用一些经过时间检验并且已被证实可信的决策方法。决策的主要原则包括:

- 运用自己的判断。如果这是你的决定,那么你就是专家,要支持你自己的判断。
- 获得建议。但是,不要让自己的判断被太多矛盾观点所蒙蔽。与他人交谈的主要价值不在于倾听他们的观点,而是让你自己清楚地阐述各种选项各有哪些优缺点。你说得越多,就越能发现哪个才是最明智的解决方案。
- 遵循公司的战略和价值观。当你将要作出一个决策时,公司的战略和价值观就会把你推向一个方向。例如:在这个小问题上你是否应该给客户退款?这取决于你的公司是注重利润、注重流程,还是注重客户。在流程背后隐藏着很多工作刻板的人。
- 你的老板会怎么做?这可以让你更清楚地了解组织真正的优先级。同样,如果你的团队正在寻找方向,让他们自己作决定。如果是他们自己的决定,他们会努力去实现;如果是你的决定,他们可能会努力,也可能不会。

- 关注结果。不要被眼前的挑战和障碍困住。也许下一步很艰难,但是如果以后能有足够大的收获,就值得为此承受眼前的痛苦。
- 建立你的联盟。有好的想法却没实现,这是没有意义的事。决策只有执行了才有意义。这就意味着你需要支持。决策并非存在于理性的真空中,它也是一种激烈的政治运动。要找出谁才是关键的利益相关者和影响者,去征求他们的建议,逐渐为你想要的决策建立共识。

笔记:_____
_____
_____
_____

47. 影响决策

管理的艺术是通过不受你控制的人来做事情。这意味着你必须像使用权力一样运用影响力。当你作的决策会影响到你和你的职责时,例如预算、人员配置、任务分配、优先级等,影响力非常重要。

诺贝尔经济学奖得主丹尼尔·卡尼曼撰写了一本关于决策的经典著作。此处我们不讨论他的作品,而是关注从他的研究中可以吸取的主要教训:

- 锚定。月球的直径大约是8000公里吗?我也不知道。但是我刚刚主持了一场8000公里长的讨论。主持讨论要遵循20世纪80年代威尔士橄榄球队的一句座右铭:"先行规划。"提前设定讨论的框架范围,要针对你想要回答的问题。你是否希望关于明年预算的讨论围绕着成本削减15%或收入增长5%来进行?如果你让计划部门来设定讨论的框架范围,你很可能会回答错误的问题。

- 社会认同。如果我们穿戴和体坛英雄一样的装备,也许我们也可以像他们一样去竞技。那是妄想!但是,支持的力量是巨大的,如果对冠军来说足够好的支持,对我们来说也应该足够好了。你不需要去找一个奥运冠军来支持你的新想法,你要在组织中找到强有力的发起人来支持你的想法。高层管理者就像风险投资家一样,他们不会只基于想法的质量来作出判断,还会参考支持这个想法的人的素质。所以,要找到好的发起人。

- 重复。所有的广告商和独裁者都发现一个永恒的真理:重复才有效果。重复才有效果。重复才有效果。重复才有效果。重复才有效果。重复才有效果。重复才有效果。什么会有效果？重复才有效果！永远不要厌倦硬性灌输同样的信息。最终人们会记住它,甚至相信它。

- 情感相关性。大多数人在看到无穷无尽的数据和分析时,会发现自己的目光在游离。我们都已经习惯了游说者、政客,甚至是受资助的科学家们,基于几乎没有人相信的统计数据进行不可靠的片面分析,提出一些不可靠的观点。但是我们相信自己所看到的。因此,如果最新的就业数据显示失业人数增加了1.5万人,谁会在乎呢？我有一份工作,一切都很好。如果公司开始削减开支,显然经济会陷入一片混乱。如果我被裁员了,说明经济不只是在衰退,还会出现大萧条。如果你想证明自己的想法有道理,就要让它变得生动。这里可以使用"杀手模拟叙述"的方式。例如:"我们可以说我们有一种绩效文化,但是在过去的20年里,在工作岗位上死去的人要多于因为绩效不好而被解雇的人。"或者在情绪上造成紧张气氛。与其对客户不满意的情况进行调查研究,还不如把客户因为服务不好而抓狂的例子录下来。

- 限制选择的数量。如果给大家37个选择方案,他们会犹豫不决,会不可避免地担心自己没有选择最好的方案。其实这种时候越简单越好,给他们最多3种选择:低劣的选择,非常好但极其昂贵的选择和你想要他们作出的选择。

- 损失规避和风险。没有人愿意成为作出错误决策的傻瓜。风险不仅仅是指理论上的风险,真正的风险是个人风险和情感上的风险:"如果我作出这个决定,别人将如何看待我？"所以要给他们一个可以讲给同事们听的故事,告诉他们为什么他们作了一个明智的决定。想象一下买车的场景:我们都有一个讲述自己是如何谈到一个好价格的故事。我们拿到了一个好的售价、低息贷款、一些免费的额外项目、免费服务或延保。然后请放心:"买的永远没有卖的精",经销商是不会做赔本买卖的。你有一个不错的故事,经销商也赚了一大笔。

- 聪明的管理者会指出风险的另一面。他们会告诉你,什么都不做的风险大大超过做某件事的风险。"如果我们不花 1 亿美元来更新系统,那么当前的系统将会崩溃,公司就会停业。"所以,要用风险来构建自己的优势。

- 逐步递增的承诺。零售公司惯常使用这种伎俩。约定"三个月的免费试用期",等到三个月过后你就已经上钩了,或是更换起来太费劲。互联网公司一般都这样做:你花十分钟时间通过网站来安排航班,然后你要支付预订费用、快递费用、信用卡手续费;同样地,要重新寻找另一个供应商太费劲了。你也可以使用同样的伎俩。不要立即要求 200 万美元的承诺。先作初始范围界定,或者试点,或者市场测试,即先造势。一旦造出了声势,大家会发现很难停下来,还不如继续进行下去。

- 截然不同的选择:只管去做。有时候,请求谅解比请求许可来得容易。所以,假设你已经获得批准,继续前进吧。这样就让别人担负起阻止你的责任。他们可能不想给你许可,但他们也不想挑起争端,这太费事,也太冒险了,所以他们会让你继续。但你要确保自己一定能够成功;当你失败的时候,会有很多人幸灾乐祸,落井下石的。

笔记:_____
_____
_____
_____

48. 谈判

48.1 谈判：原则

谈判是一种奇特的推销和决策方式。谈判经常被误认为是一方赢而另一方输的战争。实际上，有效的谈判基于两个基本原则：(1) 双赢；(2) 专注于利益而不是立场。

谈判的目的不是去欺骗对方。那样的话谈判就会以斗争的形式结束，而你可能也赢不了这场战争。与其相互竞争不如共同合作。所有伟大的胜利都是不战而胜的。

要想不战而胜，就要知道对方想从谈判中获取什么。不能光想着成本或者价格，要想得更深远一些。要去想对方的利益所在，把讨论的焦点集中在利益上，而不是立场上。例如，薪资谈判看上去似乎是一个典型的你赢我输的争论。要么一方支付的太多，要么另一方得到的太少。如果从利益的角度出发，就会得出不同的观点。雇主希望留住人才，但是也会有其他利益存在：也许有一个新项目即将启动，或者接手一个有挑战性的任务。员工不仅仅在乎钱，还会考虑自身的职业发展、工作与生活的平衡、任务分配以及在绩效考核中的风险和奖励。

在此基础上，对于员工真正想要什么应该有一场富有成效的讨论：如何平衡工作与生活之间的关系，员工愿意承担多少额外的工作、责任和风险，员工能够发展哪些技能以及应该得到多少支持和投资（比如培训费用、休假）。突然间，金钱变成了更广泛组合中的一个变量。现在双方都找到了可以相互交换的东西，然后达成双方都认为自己胜利的结果。

在一次好的谈判中，用词要从"你、我"变成"我们"。你们双方一起合作去实现一个共同的目标，而不是相互争斗。

> **协商合作关系**
>
> 这种伙伴关系应该是天作之合。希罗带来了一些很棒的产品；杰恩有一群可以销售的客户。他们被介绍互相认识，看起来很有把握成功。但是世事并不如所料。希罗关心他应该获得多少股权：他想要超过一半的股权，因为除了这个他什么也没有。杰恩也想要超过一半的股权，因为如果没有她，希罗将无法卖出去任何东西。我们来重温一下基础知识。
>
> 希罗真正想要的是钱（当然，这和股权不一样）、对自己成就的认可以及有机会创造出更多令人兴奋的产品。他讨厌被经营公司这种事务牵制住。杰恩想要建立一家公司，有产品组合，有支持她的团队。在研究了彼此的利益所在之后，双方意识到他们可以愉快地合作：杰恩负责销售希罗的产品，前提是品牌以希罗的名字命名，这样他可以继续进行研发而不用去管理生意；同时希罗拥有了版权，如果产品销售得好他就能得到一大笔回报。杰恩持有100%的股权。双方都很高兴：他们得到了各自想要的东西。

所有伟大的胜利都是不战而胜的。

第六部分　组织技能

笔记：_____

_____

_____

_____

48.2 谈判：过程

现在你应该熟悉推销的过程了。谈判遵循的是相同的逻辑流程。与推销过程不同的是，你们是一起建立逻辑，而不仅仅是推销自己的逻辑和解决方案。这个过程包括以下步骤：

1．认同问题。我们有什么共同的机遇或挑战可以互相帮助？

2．预告收益。对我们双方各会产生什么积极效果？我们有哪些收益，而不仅仅是立场？

3．提出建议。在谈判中，你想要探索一系列的想法和可能性，不要局限于回答"是"或"不是"的单一解决方案。要创造回旋的余地。

4．解释方案。相互合作，这样双方都会认同这个方案，而且双方都将更坚定。

5．预防反对意见。通过自我提问，一起找出潜在的陷阱，并讨论如何跨越它们。

6．强化收益。盯住奖励，这正是你们在一起工作的原因，并且要清楚地知道需要向对方提供什么。

7．结束。确定接下来的行动和责任，然后加以跟进。

谈判很少一次就可以搞定。

> 你们是一起建立逻辑,而不仅仅是在推动自己的解决方案。

笔记:_____

_____

_____

48.3 谈判:关系网

天真的谈判者只与一个人进行谈判,希望他拥有所有的权力、权威、责任、时间和友善,向整个组织传递你们正在谈判的内容。但是现实生活中却不是这样的,很多谈判靠的是影响整个关系网。如果你只依靠一个人,就很可能会失败。你要确定并管理好关系网。通常,谈判关系网中有六个主要角色:

1. 批准人。这个人拥有最终的决策权和预算。你可能只会在谈判的开始和结束时看到他。即使你很幸运地把这个人作为主要联系人,他仍然需要你的帮助,在其组织中管理决策网络。

2. 用户/申请人。通常是你每天要与之谈判的人。这个人是机会或者问题的所有者,而你是解决方案的一部分。理想情况下,你会把他转变成为教练(见下文),这样你们就可以共同努力让组织支持你。你当然希望用户与你合作,而不是针对你,这就需要理解并尊重用户在谈判中的真实利益。

3. 技术把关人。这个人必须对是否符合政策、标准和程序感到满意。

他们经常来自财务、人力资源、健康和安全等部门。他们没有批准权,但是他们可以在背后给你"挖坑"。这些人经常被忽视,所以他们就更加危险。但是,如果早期就让他们参与进来,他们能帮你扫清前进道路上的障碍。

4. 关键影响人。这些人可能在组织架构图上并不显眼,但是他们对于决策有非正式的影响力,而不是正式的权力。他们可能是大家都信任的执行教练、非执行董事或非直接的高层经理。对他们要"穷追猛打",他们的观点往往很有分量,因为在大家眼里,他们已经超越了日常的政治角逐。

5. 看门人。看门人能够让你或拒绝你与关键决策者接触。秘书就是一个明显的例子。你和她们关系好,就可以看到这些关键决策者的日程安排;关系不好就看不到。要小心那些允诺让你见 CEO 或其他高层领导的高管,通常这只是一个权力游戏:"按照我说的做,我(可以)让你见 CEO。"如果你已经对他们失去了控制,你见到 CEO 的机会几乎接近于零。

6. 教练。这些人是站在你这边的,想指引你穿越决策的丛林。在组织中总会有人看到你所做事情的价值,并希望你取得成功。理想的情况是把谈判关系网中的每个人都变成你的教练,他们会认为自己在与你合作,而不是与你谈判。如果你正确地理解了他们的利益所在,他们通常会非常乐意帮助你和支持你。

影响一个关系网

这些关系网不仅适用于推销的情境。试着为以下情境制定决策关系网:

- 你正在努力促成的一个重大项目;
- 你的下一次奖金和晋升将如何确定。

现在进行下一个关键步骤,确定每个人在以下方面的情况:

- 他们的热门话题是什么:什么能够让他们支持我?

- 他们的禁忌问题是什么：他们有什么顾虑或限制（时间、金钱、权力）？
- 我接下来怎么做才能带动他们？

针对每个人各写一页，这样你可以记录与他的每一次联络细节和会议，以及接下来的行动计划。你将会有一张完整的图，告诉自己你在哪里，需要去到哪里，以便让你的项目、晋升、提议或奖金最终能够实现。

> 如果你只依靠一个人，就很有可能会失败。

笔记：_____
_____
_____
_____

49. 建立关系网

49.1　建立关系网:破冰

对于关系网,有些人喜欢它,有些人讨厌它。无论怎样,你都有很多机会在组织内外构建自己的关系网。大多数人会错失这个机会。观察一下会议上常出现的情形:大家都喜欢和来自相同地区、职能或地位相似的、已经认识的人交谈,很少有人真正利用这个机会来扩展关系网,大家喜欢待在周围都是熟面孔的舒适区。要想成功就必须走出舒适区。

建立关系网非常重要。70%以上的工作机会是通过关系网而不是通过猎头或招聘广告找到的。你的职业生涯可能要靠你的关系网。在组织里,你依靠自己的关系网来获得对你的任务的支持,以及找到下一个重大任务或机会。

作好充分准备也很重要。你要知道自己想和谁交谈,以及为什么要交谈。列出一些你可能需要帮助和支持的话题,这有助于你在会议或社交活动中发现机会。

建立关系网的方法可以简单地总结为三个 E:参与(Engage)、热情(Enthuse)和询问(Enquire):

- 参与。准备一些标准的破冰问题。通常会是:"你具体是做什么工作的?"让大家谈论他们最喜欢的话题:他们自己。这样他们会喜欢你的。当他们谈论自己的时候,你就能找到机会让他们"上钩"。

- 热情。建立融洽的关系。你要找到你们有什么共同的兴趣,可能是工作兴趣、休闲娱乐或者你们都认识的人。尽管在政府机关的沉闷氛围中，热情仍然被当作一种病态，但其他人会发现热情是有感染力的（除非你的热情是临时培训出来的，你可能还会把这本书放在外套口袋里，带到讲台上阅读）。

- 询问。找出他们感兴趣的东西，以及大家兴趣的共同点在哪里。不要试图当场就达成协议，而是建议稍后大家聚在一起更详细地讨论这个问题。不要把他们放在谈判的位置上，确保你已经与他们建立了融洽的关系，并有权进行跟进。

第二天，给他们发一封电子邮件表示感谢，然后跟进他们所作出的承诺。

> 让大家谈论他们最喜欢的话题：他们自己。

笔记：

49.2 建立关系网：建立信任

认识很多人和拥有有效的关系网是有区别的。如果没有人回拨你的电话，或者你发现每当你想见他们的时候，他们的时间都被约满了，那么你那装满名片的老式名片盒也就毫无用处了。你必须迅速超越破冰阶段，开始建立起关系。

即使你去参加公司赞助的社交活动,也要小心一点,不要把业务上的盟友和关系网中的人错当成朋友。记住19世纪英国首相帕默斯顿勋爵的格言:"没有永远的盟友,只有永远的利益。"在生意场上,不要期望有永远的盟友,更不用说永远的朋友。你的利益甚至也会改变。

在这个变化无常的世界里,你要把你们的关系建立在互惠互利的基础之上。建立联盟的核心就是建立信任。简单地说,对于你不认识或不信任的人,你会帮他们多少?在建立联盟的时候,想一下信任方程式:

$$T=(V \times C)/R$$

> 如果没有人回拨你的电话,那么你那装满名片的老式名片盒也就毫无用处了。

建立联盟和信任

创建一个清单,列出你最需要从他那里得到支持的人,包括你的老板。为每一个人建立一个信任档案,看看你与他们之间的关系有多好。运用上面介绍的信任方程式:

$$T=信任,V=价值观相似度$$

你们有相同的目标、相同的价值观、相同的优先级和相同的观点。你不需要喜欢他们,你们已经有了共同语言。即使你们以前没有见过面,也可以很快地建立起信任。我们的目标是找到一些双方共同感兴趣的领域。

人际交往始于内心,而不是头脑。要想办法从情感上拉拢他们。例如:

- 让他们谈论自己。你要表现得很感兴趣。这时候奉承、拍马屁会有一定作用。

- 找到共同的同事("你认识某某吗?")。
- 找到共同的商务经验来分享:销售人员喜欢交换英勇故事,大多数商人也是如此。
- 找到共同的社会利益。
- 如果你是在他们的办公室里面见他们,环顾四周寻找搭讪话题。例如:

——湖的图片:"太漂亮了!你也喜欢散步吗?这是在湖区吗?这地方太棒了!"

——墙上的职业资格证:"我看到你拿到了哈佛/赫尔/汉堡大学的学位。是什么样子的?"

——老爷车的图片:"这辆车是你的吗?买了多久了?"

对于你的老板,你要非常清楚地知道:

- 老板的年终绩效评估和奖励是如何进行的(他的实际利益)。
- 老板今年负责的三个主要项目。
- 老板的职业抱负及如何实现它。
- 老板的个人兴趣及该兴趣与你是否有任何交集。

一旦你用心去做,你的思维也能迸发出来。要想让关系网发挥作用,你需要找到一些互惠互利之处,让彼此愿意在一起工作。回到推销技巧部分(本书第三部分第 23 节):试着一起解决一个共同面对的问题,要保证对双方都有明显的益处。

回到我们的等式:C=可信度。这就是你们相互信任的程度:你们是否已经向对方交付成果并履行承诺?信任的建立通常从小的承诺和义务开始,然后再到更大的承诺和义务。信誉就是要做到言行一致。小事情同样很重要。在会议结束后,当天就发一封感谢信或者会议纪要。速度越快给人的印象就越深刻,这会显示你既高效又努力。

R=风险。我们经常客观地考量风险:财务风险、健康和安全风险、诉讼风险、政治风险。这一点很重要,但它对于建立联盟、信任和关系网来说是一个次要因素。真正的风险是个人风险。

从对方的角度来看待风险：这对我有什么影响？我将付出多大的代价？需要付出多少努力？如果成功或失败，我看起来会是好还是坏？你能为对方减少越多的已知风险和努力，他就越有可能与你合作。

在建立信誉的过程中，要从低风险的小事情做起，这样就能逐步建立起信心和信誉。最终，你的联盟关系网一次就能增加一个人，一次一个行动。

> 人际交往始于内心，而不是头脑。

笔记：_____
_____
_____
_____

50. 有效会议

有三种方法可以用来测试会议的效率。你可以据此决定是否要参加会议或召开会议,以及你想要谁参加会议。每位与会者应能在会议结束时回答三个问题:

1. 我学到了什么?
2. 我贡献了什么?
3. 接下来我要做什么?

如果与会者对这三个问题都有很好的答案,那么,对他们来说这就是一次很好的会议。如果他们什么也学不到,什么也不贡献,接下来什么也不做,那这次会议对于他们来说就是失败的,他们不应该参加这次会议。

这些测试可以帮助你避免出现"以防万一"和"露面"的情况,否则会把你与CEO的小会变成了大会。

- 以防万一。高管们把手下的人都拉来参加会议,因为是手下的人在做事情,而且他们知道问题的答案。他们参加会议的目的就是以防有人问出什么尴尬的问题。如果高管们不知道答案,他们就不适合参加这次会议,可能也不适合这份工作。

- 露面。初级员工经常会错误地认为,在与CEO的会议上露面并全程保持沉默,会给CEO留下深刻印象。不会的,CEO宁愿员工为组织的盈利去做一些实际有用的事情。

通过问以上三个问题,从想参加会议的人里筛选出真正需要参加会议的人。

练习6.3

问题会议

下次你安排会议的时候,针对每个与会者思考一下这三个问题。如果最终没有好的答案,就不要邀请他们参加。

下次去开会的时候,围绕这三点设定自己的议程。也许,你此行唯一的目的就是利用这次会议,在非正式场合接触到一个平时很难见到的人。不要盲目地接受既定的议程,确保你知道自己想从会议中得到什么和贡献什么。

> 如果高管们不知道答案,他们就不应该参加这次会议,可能也不适合这份工作。

笔记:___
___
___

51. 项目

51.1 项目：原则

如同战争一样，项目的结果通常在开始之前就已经确定了。英明的领导者会在如何正确地启动项目上面投入巨大成本，避免之后整个组织花费更多的时间、金钱和精力。

项目的失败通常是因为问题出在项目的"末日四骑士"之一上。

1. 错误的问题。
2. 错误的发起人。
3. 错误的团队。
4. 错误的流程。

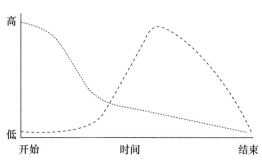

图示：
- ------- 努力
- ·········· 对结果的影响程度

图 51.1　项目：努力和对结果的影响程度

图 51.1 显示,离开得越晚,就越难影响项目的最终结果。英勇救火在项目快结束的时候几乎是徒劳的,因为到那个时候,结果在很大程度上已经确定了,而且大部分的努力都已经投入在了上面。为了确保项目成功,领导者必须从一开始就要作好成功的准备。

> 如同战争一样,项目的结果通常在开始之前就已经确定了。

笔记:

_____

_____

_____

51.2 项目:末日四骑士

1. 错误的问题

正确的问题是指某人的"警钟问题"。"警钟问题"有三个测试方法:

a. 这个问题的成败会产生重大影响,可以从财务或非财务的角度来衡量。

b. 这个问题不仅重要(解决气候变化问题),而且紧急("如果我们不……明年就会破产")。

c. 组织已经着手解决这个问题,而且正经历一些挫折。如果没有人着手解决,那么它真得很重要、很紧急吗?

■ 2. 错误的发起人

必须有人对这个问题负责。这个人将拥有执行解决方案的权力和权威。通过一个简单的测试可以知道谁需要参与到解决方案的执行当中——这很有可能会涉及组织上下很多人。如果项目发起人能够把这些人聚集在一起,让他们投入时间、金钱和资源,那么他可能是正确的项目发起人。软弱的项目发起人肯定会遭遇失败,当项目进展困难的时候,他没有能力去克服那些不可避免的政治障碍。

■ 3. 错误的团队

要坚持用一流团队。这是一个基本的测试。如果这个项目很重要,那么就要让一流团队负责这个项目。让二流团队去负责就表明这个项目并不重要,而且事情往往会被他们弄得一团糟。他们永远不会在期望的时间内实现预期的结果和达到预期的质量,而且他们会在跨越障碍时跌倒。一流团队则能够轻松越过这些障碍。二流团队的领导会发现,晚上、周末和假期都将因为危机和混乱而消失。

■ 4. 错误的流程

大多数项目计划都因为这个原因而被搁置。如果前三个末日骑士都有幸逃过了,那么这一个也就消失了。但是,如果前三个骑士造成严重的破坏,那么再好的流程也无法挽救一个项目。

> 二流团队的领导者会发现,晚上、周末和假期将因危机和混乱而消失。

笔记：_____

_____

_____

_____

51.3 项目：技巧

在制定项目规划方面，极客们（geeks）会非常兴奋地使用甘特图（Gantt）和PERT图以及关键路径分析，并提出只有他们才理解的那些高度复杂的工程类型图表。甘特图和PERT图的设计是用来帮助那些不需要帮助的人，而其他人需要更简单的东西。

> 甘特图和PERT图的设计是用来帮助那些不需要帮助的人。

下面是好的项目规划应该遵循的一些设计原则：
- 不要从开头开始，而是从结尾开始。要非常清晰地描述需要达到的目标，最多用10个词来概括。如果从开头开始，你将永远无法到达终点。
- 找出到达终点最少需要多少步，把事情简单化。这里应当显示有哪些关键步骤及其发生的顺序，然后创建一个时间表。对每一个关键步骤进行深化，尽可能获得更多的细节。
- 用早期的胜利来造势。大家希望得到即时的满足，相信自己支持的是一个胜利者。

以下是项目规划中的一些典型陷阱：
- 没有明确的可交付成果，并且利益相关者的期望相互冲突。

- 没有明确的阶段划分，无法对照目标对项目进展进行回顾和评估。
- 过度谨慎。如果你需要做这件事，那就一次性做对。把足够多的投资用于损失并不是个明智的做法。去进行毫无代表性的试验和概念证明既浪费时间，也不会产生任何成果。
- 过度关注过程。极客们迷恋各种流程图、风险日志、问题日志、会议日志、电话日志和主日志。项目的目的是实现结果，而不是实现一个完美的过程。
- 糟糕的管理结构和流程（见下文）。

如果从开头开始，你将永远无法到达终点。

笔记：_____

_____

_____

_____

51.4 项目：管理方法

高层管理者可能在启动一个项目时感到非常兴奋，然后就会在完成项目的过程中经受的艰苦磨炼中逐渐失去兴趣。良好的项目管理对于项目成功是至关重要的。

项目失去控制、无法交付以及成本高昂通常应归咎于以下原因：
- 没有采用正式的管理程序。想当然地认为顾问会为你做这件事。
- 在需要作决策的时候，决策速度很慢。优柔寡断会导致项目失败，也会扼杀士气。

- 朝令夕改。

好的项目管理并不是什么高难度的事情,你只需要有一个清晰的管理结构。比如,可以为项目创建一个 RACI 图表。

R＝责任(Responsibility)。谁负责交付项目的哪个部分？应该有明确的问责制,即应该清楚在项目结束时要表扬哪些人或踢走哪些人,以及这么做的原因。

A＝权力(Authority)。谁有决策、批准预算和审核进展的最终权力？每个项目应该只有一个批准人,批准人也要对该项目负有最终责任。批准人的权力很大,不会参与日常事务,但是负责创建项目和进行项目总结;在项目进行期间,批准人可以帮助清除政治障碍和监控项目进展情况。

C＝合作(Cooperation)。需要谁的合作？需要咨询谁什么问题(比如,可能需要财务人员检查数据,但他们不负责交付项目)？

I＝参与(Involvement)。还有哪些人需要参与到项目中(通过提供专业意见、协助等)或需要被知会？

除了管理结构之外,项目还要有清晰的管理流程。管理流程的基本要素很简单,但通常会被忽略:

- 定期的更新和审查会议;
- 标准化的报告;
- 快速有效的决策流程。

> 优柔寡断会使项目失败,也会扼杀士气。

笔记:

52. 管理预算

你不会因为预算管理得好而得到晋升。但是如果预算管理得不好，你就会被赶到队伍的后排去。预算管理是领导者必须掌握的一门基础管理学科。以下是预算管理的一些基本原则：

- 先谈妥一个好的预算再开始。宁可花 1 个月的时间去努力争取到好的预算，也不要花 12 个月的时间去完成给你设定的富有挑战性的预算。如果你已经设定了一个不可能实现的预算目标，那么无论什么样的预算管理也无法让你走出这个黑洞。以正确的方式开始新的一年。运用"影响决策"（本书第六部分第 47 节）中介绍的技巧来搞定预决算，这样可以让你在晚上睡个好觉。

- 遵循 48/52 规则。目标是要在上半年用 48% 的预算达成 52% 的目标。现在，你已经在上半年实行了 48/52 的预算规则，然后在前两个季度也分别按照同样的规则来实行。这条规则能让你在成本和收益（或结果）上保持领先。你要为年底可能出现的任何意外情况作好准备。要知道，意外来得越晚，就越难弥补。

- 创造灵活性。所有优秀的管理者都知道如何为自己创造一些灵活性。利用招聘人员的时机，推迟招聘新员工，推迟更换团队成员。这样能节省薪资支出。

- 为年终紧缩作好准备。年终总是会有压力。挣扎求生的部门会感受到来自高层管理者的压力；为了这些挣扎和落后的部门，其他部门的预算将会被重新调整。调整永远不会对你有利。为年终紧缩作准备,你的预算要有灵活性和应变性,还需要一些可自由支配的项目推迟到下一年度。同时,必须确保分配给重要项目(会议、市场测试、研究等)的所有预算都已经花完。如果到了最后一个季度在这些项目上还有预算没花完,你就会发现在年终紧缩的时候这些预算会被拿走。

- 把握好时机。如果你今年做得不错,要尽早确认成本并延迟确认收入。这样就不会超出预算很多,明年的目标也不会被订得太高;明年就可以以低成本和高收入起步。另外,如果年底预算看起来很紧张,就要找到延迟确认成本的方法(把团队的年会推迟到明年),并且在审计部门允许的前提下尽早确认收入。

- 了解成本分配。要注意其他部门是否有把费用记到你们账上的情况,或者将成本转移给你们。总部在这方面最擅长了,他们总是想方设法把大部分成本转移出去,这样总部就会看起来小而精——实际上又肥又臃肿。要学会说一个非常简单的字:"不"。

- 不要受制于数字。你应该知道自己部门的所有关键数字,能够意识到其中任何一个数字是否有问题。当你看到每月的管理账目时,已经为时太晚了。你要提前发现可能会产生哪些成本和收入,以及是否有意外情况发生。如果出现意外情况,要及时采取补救措施(找到一个可以吸收损失的预算项目),同时也要清楚地告知老板你做了什么。对你或你的老板来说,预算绝对不能有意外。

笔记:_____

_____

_____

53. 做广告

广告的问题在于我们都认为自己对此很在行。我们每天淹没在各种各样的广告之中,所以我们知道自己喜欢什么,不喜欢什么。但是,有效的广告不是基于个人喜好的,而是基于什么对目标客户管用。"什么管用"在实践中意味着:

- 他们会记得我们吗?
- 他们会从我们这里买东西吗?

以下是你应该问的一些问题:

- 是否依据了广告战略?你应该有一个简洁明了的广告战略,包括以下几点:

——价值主张:这里指的是产品承诺。就像"Sudso[1]洗得更白"这句,你应该把价值主张总结成一条信息。Sudso可以在1000件事情上都做得非常出色,不要稀释你的信息,也不要让你的顾客感到困惑。同时,还要确保这种说法是可信的:"Sudso为你带来永恒的青春和无尽的财富",虽然听起来很有吸引力,但却不可信。

——为什么顾客要相信这个说法:"Sudso含有神奇的蓝色活性晶体",或者"Sudso得到了几大洗衣机生产商的认可"。

——品牌特征:"Sudso可靠、友好、简单。"要注意的是,很多高端商品

---

[1] 日本的一个洗衣粉品牌。——译者注

都是靠品牌特征来销售的："买了这辆车，你就会成功，显示出男人的威风，有冒险精神"，或者"买了这块手表，你就会显得时尚而奢华"。不要陷入对生产价值的赞赏和广告创意的泥潭中。如果没有依据广告战略，那就要进行修改。

- 我们的产品是广告英雄吗？时髦而有创意的广告会被大家记住，是因为广告做得时髦而有创意，而不是因为你的产品。名人代言可能宣传了名人，而不是你的产品。要确保广告传递的信息从开始、中间到结束都围绕着你的产品。

- 它独特吗？如果用一个竞争对手的产品代替你的产品，广告是否还一样说得通？如果是，那就要进行修改。

- 它有相关性吗？广告应该吸引你的目标人群。"所有成年人"并不是一个有意义的目标。"40岁以上追求成功的男性专业人士"是可以把所有昂贵东西都卖给他们的一群人。你应该能够设想出要把产品卖给什么样的人。

- 我们的媒体策略是什么？因为资金有限，所以必须明智地下注。把赌注分散在众多媒体上会很快地迷失方向。你需要专注，专注，再专注。你越是专注，你的广告在同一媒体上重复的次数就越多：重复次数越多意味着越容易被你的目标受众记住。你的广告可能触及不到很多人，但凡是接触到的人都会记得。

- 它是否合法、得体、诚实？广告总是乱七八糟的。就像美国的一款汽车被大胆地命名为 Nova，没有人理解为什么它在墨西哥卖不出去。他们并没有意识到，*No va* 在西班牙语中是"它不走了"的意思。没有人想要一辆不走的车。所以，要提前做好功课。

不要在很多无谓的问题上浪费时间。不要去讨论你、你的阿姨或者你阿姨的鹦鹉会不会喜欢这条广告。广告不是依据你喜欢什么，而是依据什么对你的目标受众管用。

笔记：

54. 管理变革

54.1 管理变革:你准备好进行变革了吗?

变革是关于人的。大多数正常人都不喜欢变革。

变革会带来辛苦和风险:

- 变革之后我还会有工作吗?
- 我的老板会是谁?
- 我需要新的技能吗?
- 我会成功吗?

当你听到人们反对变革的时候,你会听到一些非常理性的反对变革的论点。在这些理性论点的背后,你会听到对于你所提出的变革的情感上的恐惧和政治上的反对。最糟糕的是,你会得到冷漠的沉默:什么都不做才是击退变革的最好方法。

第一个测试是了解你的组织是否已准备好进行变革。让我们用变革方程式来得出结果。这里完全不用考虑数学的准确性。变革在以下情况下才会成功:

$$N \times V \times C \times F > R$$

你的组织准备好进行变革了吗?

用变革方程式来测试你的团队对于变革的准备程度。

N＝变革的需求。人们对现状感受到多少痛苦和威胁？

V＝最终结果的愿景。团队是否看到了变革的收益？

C＝能力和信誉。团队是否有变革的能力，你是否有成功变革的经验？

F＝早期步骤。是否有一些切实可行的早期步骤来造势，取得早期的胜利并建立信心？

R＝变革的风险和成本。变革所需的个人、政治和财务成本有多少？

针对每个人重复这项练习，看看他对于变革的准备程度，然后针对整个组织重复这项练习。

大多数正常人都不喜欢变革。

笔记：_____

_____

_____

_____

54.2 管理变革：变革的周期

变革很少会进行得很顺利。最初迸发的热情会逐渐淹没在细节、反对和挫折的阵地战中。你无法消除这些挑战,但是你至少可以设定期望,这样就不会有人对发生的事情感到惊讶了。

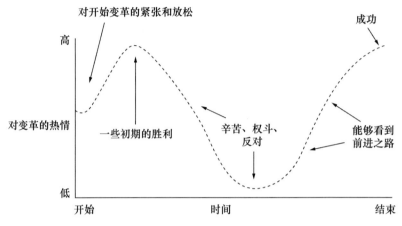

图 54.1 变革与死亡之谷

变革周期通常遵循图 54.1 所示的模式:

第一阶段:伴随着一些初期小胜利的开始阶段的热情。

第二阶段:随着挑战和反对的增加而陷入绝望。

第三阶段:死亡之谷。事情不能够再变得更糟了。到达这一阶段可能是好消息,有人反对就表明大家正在参与变革,发现了变革的范围和重要性。在这个阶段,会出现真正的领导者,能够专注于未来,专注于解决问题,专注于行动,而其他人则沉溺于绝望之中。

第四阶段:当每个人都开始看到有可能成功的时候,过山车就会重新启动。热情重新高涨,随着大家到达终点慢慢消退。

 练习 6.5

带领团队穿过死亡之谷

在死亡之谷阶段,领导者专注于解决方案和行动,而其他人则沉溺于巨大的怀疑之中:

第一步：在纸上写出对下一个变革计划的所有理智上、政治上和情感上的反对。

第二步：把纸扔掉。

第三步：你准备做些什么来引发变革、解决问题，以及说服反对者（或者孤立他们）？

记住，大家在不同时间对变革的准备程度也不同，需要一定的时间帮助大家进行调整去适应变革。

> 领导者专注于解决方案和行动，而其他人则沉溺于巨大的怀疑之中。

笔记：_____
_____
_____
_____

55. 组织重组

55.1 组织重组:基本原理

有些人天真地认为,组织重组的目的是为了找到完美的组织架构。多年以后,天真变成了怀疑,因为他们看到公司的旋转木马不停旋转:集权,分权,然后再回到集权;从以职能为导向,以产品为导向,以地理为导向,到以客户为导向,再重复轮回;还有一种就是管理架构扁平化,似乎只是增加了更多的层级和混乱。

在实践中,领导者可以利用组织重组来实现三种结果:

1. 改进组织架构。这一点是被普遍认可的。环境在不断变化,要求对环境的反应也要随之变化,因此没有一种组织架构能够长久地保持完美。

2. 改变权力的平衡。有些领导者就像软弱的君主,受到强势贵族们的胁迫。把有权势的贵族们赶走,也许还可以按照常规处决一两个人以儆效尤,这样就会对贵族们产生很大的震慑作用。他们开始尊重君主的权力,并与他们的旧封地切断联系,变得更加依赖君主的庇佑。每一个领导者都需要把首选团队放在合适的位置。因此,组织重组更多地是关于人员和政治,因为它针对的是架构和逻辑。

3. 重新设定期望。组织重组是改变领导者和各个团队成员之间心理契约的绝佳机会。这里不是指绩效目标,而是关于风格的双向对话:他们应该如何合作,未来需要作些什么改变?

从理论上讲,领导者进行组织重组的目的是设计正确的组织架构来支持公司战略。这是咨询顾问们所提倡的一种理性的方法。但是在现实世界中,大多数领导者都是通过直觉对组织进行"正确"的重组。他们先看手里有哪些人员,然后找出如何部署这些人员能达到最佳效果。结果可能在理论上它是次优的方案,但从实践上来说却是最好的方案。

> 把有权势的贵族们赶走,也许可以处决一两个人以儆效尤,这样会产生很大的震慑。

 笔记:_____

_____

_____

55.2 组织重组:需要速度

组织重组要快速进行,而且要一次搞定。要尽可能快地消除不确定性,然后专注于建立业务。

组织重组的最佳时机是在你刚开始担任一个新职位的时候。大多数CEO在被任命时都会调整高层管理团队。原因有三:

1. 让合适的领导团队尽快到位:一个有问题的领导团队对于组织的发展是不利的。

2. 将FUD[1]因素最小化。你置之不理的时间越长,FUD因素就会加剧,内部政治斗争就会增加,士气就会涣散。

---

[1] FUD,即Fear(恐惧)、Uncertainty(不确定性)、Doubt(怀疑)。

3. 避免陷入旧的方法和旧的心理契约。组织重组带来的是生活方式的改变,而不是稳定。

在解雇员工的时候速度尤为重要。如果你必须杀死一个人,至少要人道一点,快速解决。一味迷恋正当法律程序只会让每个人都感到痛苦:受害者绝望地等待着在公司里呼吸最后一口气息;而"刽子手"老板会感到尴尬、沮丧、愤怒和同情;而且整个组织也会因为正在上演的"悲剧"而感到惊恐。要尽快地把人弄走,然后把精力集中在幸存者身上:他们才是你的未来。要让他们确信你不会再随意挥舞斧头,他们需要专注于做好工作,而不是为了生存而挣扎。

> 如果你必须杀死一个人,至少要人道一点,快速解决。

笔记:_____
_____
_____

56. 创建愿景

56.1 创建愿景：团队的愿景

愿景不是神秘主义者和CEO所独有的。你也不必像马丁·路德·金那样站在桌子上宣布"我有一个梦想"。你的团队的愿景要简单得多，它只是一个由三部分内容构成的故事：

1. 我们现在在哪里。
2. 我们要去哪里。
3. 我们如何去那里。

我们大多数人都能用这样一个简单的故事来描述美好的一天。如果你想让愿景更加有激励性，可以添加第四个要素：

4. 这就是你要担任的重要角色，可以帮助我们去到那里。

这里要注意，愿景不仅仅是关于你自己的，要让它与每个人都有关系。人们想知道他们做的事情是有价值的，他们的贡献很重要，他们有可能取得成功。如果你的愿景能够做到这些，它就是一个强大的愿景。

创建团队的愿景

你所在部门的10个字的愿景是什么？你如何向以下人员解释愿景：

- 你的员工。
- 其他部门。
- 管理层。
- 客户。

你知道老板的愿景是什么吗？你的愿景如何融入老板的愿景？你的个人愿景是什么？你将如何实现这个愿景？

人们想知道他们做的事情是有价值的，他们的贡献很重要，他们有可能取得成功。

笔记：_____

_____

_____

56.2　创建愿景：整个组织的愿景

在创建愿景时，记住 RUSSIA 原则——它代表了一个强大愿景所应包含的六个要素：

- 相关的（Relevant）。愿景与当前的环境和组织的挑战相关。它还应该与组织中的每个利益相关者相关。
- 独特的（Unique）。你不能（很容易地）将其他组织的名称替换进去，它对于组织的优势和理想来说是独一无二的。
- 有前瞻性的（Stretching）。愿景应该比日常业务更为重要。愿景之中应该有一个延伸要素。这样有助于管理者理解优先级并集中精力，帮助他们理解自己应该做什么,不应该做什么。

- 简单的(Simple)。如果愿景表述得不简洁明了,就很难被记住。如果没有人记得你的愿景,他们不太可能会为此采取行动。
- 个性化的(Individualized)。组织中的每个人都应该能感到,他们在帮助实现使命的过程中发挥着重要作用。
- 可行动的(Actionable)。一个无法付诸行动的愿景只是一个白日梦,愿景必须可以付诸行动。为此,你需要一个清晰的目标以及实现目标的方法。

一个典型的愿景:NASA

约翰·F.肯尼迪曾经宣布了一项著名的使命:"在二十年里,把人类送上月球,并且让他们活着回来。"就因为这个不可能完成的任务,NASA(美国国家航空航天局)诞生了。1969年7月16日,这个不可能完成的任务终于实现了。让我们把NASA的愿景放到RUSSIA原则的测试中:

- 相关的。这指的是在太空中击败俄罗斯:俄罗斯已经把第一颗人造地球卫星斯普特尼克1号和宇航员尤里·加加林成功地送入了太空。美国在技术、声望和最后一个前沿阵地的竞争中输掉了冷战。因此,这对于美国来说是一场必胜之战。
- 独特的。登月很难成为宝洁公司或壳牌公司的愿景,这绝对是一个独特的愿景。
- 有前瞻性的。当时,没有人知道这个愿景是否可以实现,也不知道是否能开发出这种技术,这是一个巨大的前瞻性项目。
- 简单的。每个人都能记住它。愿景的力量非常引人注目,它激发了政治、金融和技术上的支持。这样一来,NASA能够保持专注,所以像双子星计划受挫这样的事情也没有摧毁这个计划。然后再看一下愿景实现后发生了什么:NASA迷失了方向。它现在有愿景,但并不是NASA中的每个人都知道。它已经取得了一些成功(哈勃望远镜),但挫折("挑

("挑战者"号航天飞机失事)让它倒退了很久。

- 个性化的。在太空任务中,每个人的角色都很重要。即使是最小的细节出错,灾难也会接踵而至,就像"挑战者"号的悲剧那样。
- 可行动的。NASA 有明确的目标,而且有实现目标的方法。它是可行动的,也被付诸行动了。

现在将你的组织愿景和 NASA 的愿景进行对比:从 RUSSIA 的各个要素来看,是像 1969 年前的 NASA,还是像 1969 年后的 NASA?

练习6.7

创建组织的愿景

例如,为微软的股东和员工创建一个 10 个字的愿景。再为微软的管理者和客户创建一个 10 个字的愿景。

根据上面的标准来检测你们公司的愿景。

为你们公司创建一个 10 个字的愿景,再看一下针对不同利益相关者群体应该怎样作修改。

如果一个愿景表述得不简洁明了,就很难被记住。

笔记:_____
_____
_____
_____

第七部分
价值观和行为

57. 成为大家想要追随的领导者

作为一个领导者，会有很多人追随你。领导者面临的挑战是："为什么有人想追随你？"很多领导者都会犯一个致命的错误，他们认为自己有追随者，大家想追随他们。事实上，追随者们之所以忍受着糟糕的领导者，是因为离开他们所在组织的成本和风险太高了。领导者不能把顺从误认为承诺。

你已经在表16.1（本书第二部分第16节）中看到过以下列表的展开版本，列出了对各个级别的领导者各有哪些期望。以下的清单列出了人们对于高层领导者的期望。括号里显示的是他们对高层领导者的满意度：

- 愿景(61%)。
- 激励他人的能力(37%)。
- 决断(47%)。
- 处理危机的能力(56%)。
- 诚实和诚信(48%)。

请注意以下几点：

- 对领导者的大多数期望都很简单，而且是可以习得的。
- 在激励方面，与期望的差距很大。
- 在诚实和诚信、决断和处理危机的能力方面，与期望的差距较小。
- 愿景是最重要的，也是大家最满意的方面。

❖ 为什么有人要追随你？

还要注意这个清单中缺少的东西：你不必成为一个有魅力的超级英雄才能领导别人，而且目前看来也没有什么方法能够培养领袖魅力。我们研究项目中的大多数领导者都不能被称为有魅力，他们也不需要这样。只要满足以上五个基本期望，就能够获得一群忠实的追随者。

> 目前看来没有什么方法能够培养领袖魅力。

笔记：_____
_____
_____
_____

58. 为何当不好老板？

所有的老板都能帮助我们学习和发展。我们从有些人身上学到了积极经验，而从另一些人身上学到的则是负面教训，即什么事情不能做。对我们来说，负面教训往往是最生动和最有价值的。以下是老板们经常掉入的一些陷阱：把这份清单放在手边，时常检查一下你是不是也掉进了这些陷阱：

- 不关心团队。如果老板对你毫不关心，这是非常明显和令人沮丧的。聪明的领导者知道，要让团队成员充分发挥能力，最好的方法是去关心他们。愚蠢的领导者则会表现出毫不在乎。如果你什么都不管，就不可能种出好的植物。团队和花园一样，都需要呵护。

- 不授权。这个问题经常发生在那些想成为超级英雄的人身上，他们认为世界上没有其他人能够胜任他们的工作，所以事必躬亲。最终他们会精疲力竭，甚至崩溃。奇怪的是，当事情出错的时候，这些老板们往往会推卸责任，责备别人。

- 控制狂。这种老板连复印室的钥匙都要抓在自己手里，每次你要复印东西还要找他拿钥匙。他们认为好的领导者就要处处掌控，但是他们错了。

- 地位狂。这种人将职位和表现混淆了。他们认为自己是老板，所以他们在各个方面的表现都比你好。他们喜欢权力的象征，例如经常约好会议时间却让你等待很久；有某些特殊的饮食要求；攀亲带故；要使用专门的办公室、办公桌、电话和地毯。他们喜欢谈论能够彰显自己身份的房子和配偶,尽管实际上没什么用。

- 优柔寡断。优柔寡断的管理者和独裁者一样糟糕。团队需要保持明晰度、确定性和方向性,优柔寡断会导致时间不够、出现危机和返工。优柔寡断的人通常会一直等下去,直到他们认为自己知道老板想要做什么。

- 软弱的管理者。这种人喜欢奉承拍马,也想要被别人喜欢。他们会说一些模棱两可的话,听起来像是承诺和保证,但实际上并非如此。当他们无法兑现给你的关于晋升、奖金、预算或任务的承诺时,就会回过头来告诉你,他们实际上并没有作出过任何承诺。然后他们却又想知道为什么没有人相信他们。

- 心理变态。心理变态的老板通常缺乏同理心、刻薄、虚伪、控制欲强、以自我为中心、行为恶劣、冷酷无情。如果这种人同时有很高的智商,就非常危险了。通过心理测试可以很容易地识别出心理变态的人。投行喜欢雇用这种人。有相当大比例的高级管理人员都是心理变态。不要像对待普通老板那样对待他们,你必须"以其人之道还治其人之身"。除非你大胆地与他们对抗,否则他们会骑到你的头上欺负你。

如果不幸你的老板属于以上其中一类,把这两页复印一份,贴在办公室最显眼的地方,让他们自己去看吧。

笔记:_____

_____

_____

59. 掌控

仅仅坐上了老板这个位子,并不意味着你就能掌控一切。

很多人把职位和权力混淆了。即使是首相也会犯这样的错误。约翰·梅杰当英国首相的时候,被自己的同事攻击,说他"只是坐在办公室,而不是掌权"。获得头衔然后放任自流是非常容易的。放任自流的人比比皆是:他们接受所接手的现状。当然,他们也会作出改进,也会去救火,但是他们不会作出任何根本性的改变,不会去冒险,也不会被人记住。所以,如果你想过轻松的生活,就那样做。如果你想要成为一个领导者,就必须控制和改变,而且你必须快速行动:在一到两个月之内,每个人都会对你有所了解,那时候事情就很难改变了。

好的领导者通常有一个简单的议程,可以归结为三点,即想法(Idea)、人员(People)和钱(Money),所以也称之为IPM议程:

- 想法。要对你将要做的事情有一个简单的想法,和以前的有所不同或者比以前的更好。如果你想把它说得更加宏大一些的话,可以称之为战略或愿景。但这应该是你的团队、同事和老板都能够记住的一个简单的想法。最好的想法是最简单的:"我们要提高客户满意度","我们要提高可靠性","我们要降低成本"。然后,确保正确地设定了期望。先把所有的问题都罗列出来,这样你就不会为此受到责备。重新设定期望,设定得越低越好:与高的目标相比,低的目标更容易实现。

- 人员。如果你接手的是一个二流团队,那么就可能要失眠和感受到压力了。不要认为你必须接受并容忍所接手的团队,而是要根据任务来打造团队,并确保你组建的是一个一流团队。在有些组织中,你被要求在几周内就开始工作;在另一些组织中,则可以有几个月的时间来重组团队。要设法让员工往前走,让正确的人加入团队。

- 钱。确保你有足够的预算来达到目标。确保正确地使用手里的预算,大胆地调整预算以达到你的目标。同样,不要认为你必须接受并忍受所接手的预算。如果拿到了一副差牌,你有责任再去找一副好牌。

说得简单一点,当你刚接手的时候,肯定需要经常加班。你将学习一份新工作,做一份新工作,然后重塑工作和团队。你会发现需要花费相当多的时间与人沟通,包括与团队成员、同事和老板沟通。特别是在团队成员身上要多花点时间:他们会对新老板感到紧张。这是你与他们建立新的心理契约的机会。表明你将如何照顾他们(期望要切实可行),并表明你期望得到的回报。

笔记:

60. 专业的领导

"专业"一词已经快成为一个肮脏的字眼了。足球比赛中最肮脏的犯规也是最专业的犯规。在政界,我们有职业政客。当然,泰坦尼克号是由专业人士建造的,而诺亚方舟是由业余爱好者建造的。在商界,"缺乏专业精神"已经成为一种漫不经心的指责,矛头指向了那些我们不喜欢的下属。这种说法既含糊不清又侮辱人。

专业的确很重要,但它在不同的环境中也有所不同。因此,要弄清楚它的含义,并让每个人都同意。我们来做一个练习,把你的团队召集起来一起给"专业"这个词下定义。可以用一种简单的方法来开始这项练习,即先识别不专业的行为。列出你最讨厌的行为,然后确保自己不会做出这种行为。包括:

- 开会时手机不调静音;
- 开会迟到;
- 说客户的坏话;
- 在公众场合谈论业务或客户;
- 不履行承诺;
- 忽略着装规范。

在你和团队一起创建了一份长长的清单以后,让团队成员投票选出最重要的四种或五种行为,这些就是最经常落入的陷阱。然后让大家一致同意在这些方面规范行为。一次改正 57 种不专业行为会变成一场教条主义者和官僚主义者的噩梦。每个人都只能记住并专注于几种关键的专业行为。一旦这些行为被建立起来，几个月后，你就可以开始规范下一批行为了。

> 泰坦尼克号是由专业人士建造的，而诺亚方舟是由业余爱好者建造的。

笔记：

61. 礼仪

商务礼仪不是教你如何使用鱼刀。它是创造一种环境,让别人能够最大程度地发挥能力。对于有些领导者来说,这意味着制造一种压力、紧张、逼迫和责备的气氛。他们认为这是种干劲。其实,有一种更好的方法能让人们最大程度地发挥能力。

当有人让你久等,在会议中接听电话,忘记你的名字,穿着不得体,把脚翘在桌子上开始骂人时,你会有何反应?

关于礼仪的原则也是一条为人处世的黄金法则:己所不欲,勿施于人。

对你有用的礼节

创建一份清单,列出那些让你觉得讨厌的小事。再创建一份清单,列出别人做的取悦你的一些小事。这两份清单是你"可行和不可行"礼仪指南的基础。

当然,文化不同,人们的行事方式也会不同。但是,无论你在哪里,如果人们看到你正在努力并表现出善意,你就不会错得太离谱。

结交一个朋友并不费事,但是失去一个朋友可能会造成极大的危害。

> 己所不欲，勿施于人。

笔记：

62. 实践价值观

领导者总是比他们自认为的更有影响力。人们会从你的行为中得到暗示,你的小郁闷会蔓延到整个办公室。作为一个领导者,你要决定自己想传导什么样的价值观。

可以通过两种方法构建价值观。最直接的方法是通过绩效、考核和晋升体系。如果呼叫中心的工作人员是按照处理电话的数量来发工资的,那就只能对处理电话的数量抱有期望,而不是质量。如果你提拔了一个业绩优秀但道德操守有问题的销售人员,大家就会大声而清晰地读取这条信息。

建立价值观的第二种方法是通过你自己的行为。如果你只是来公司发表一下声明,随后就乘坐私人飞机离开了,那么就不要期待员工会对削减成本的计划有所承诺。员工不仅看你做什么,而且看你怎么做。在"领导"这个金鱼缸里,你一直处于被监视之中。你的一言一行都会被大家看到,所以要充分地加以利用。

传导价值观

记下你想传导的价值观:

- 如何在以下场合展示价值观:预算会议、绩效评估、引导课程?
- 晋升、考核和奖金制度是否很好地反映了这些价值观?
- 在你的组织中,成败的真正规则是什么?与你想传导的价值观是否吻合?
- 你的同伴展示出什么价值观?

> 在"领导"这个金鱼缸里,你一直处于被监视之中。

笔记:_____

_____

_____

63. 雄心壮志

领导者对自己和组织都有雄心壮志。管理者可能是理性的,而领导者可以有选择性地不理性。人们记住的是伟大的亚历山大大帝,而不是他理性的叔叔。

理性的管理者能理解为什么利润目标需要往下调整:供应商的成本上升,工资上涨,监管机构和税务稽查员的要求增加,竞争加剧,客户压低价格。所以,目前的利润目标当然是不合理的。

不理性的领导者会倾听某件事情无法实现的原因。然后,他们只关注如何去实现。

没有一个理性的领导者会选择任职 IBM、UPS、BBC、达美航空、美国航空、美联航、福特和通用汽车。理性的领导者也不会缔造戴尔、联邦快递、CNN、Sky、西南航空、本田和丰田。这些公司的创始人都是白手起家,成功地挑战了行业大鳄。

无论你是经营一个帝国、一个企业还是一个团队,你可以决定是走理性的小路,还是走不理性的雄心勃勃、有伸展性的大道。

有野心的领导者往往喜欢加速的职业生涯,他们成功得很快或者失败得很快。至少他们学到了很多东西,而且旅程很激动人心。你想走哪一条路?

登　月

- 你希望20年后记起今年的时候是什么样子？
- 10年后你想去到哪里？
- 你的回答是否与你现在所做的事情一致？

> 走理性的小路，还是野心的大道。

笔记：_____
_____
_____
_____

64. 努力工作

演员们知道可能要付出20年的艰苦努力才能一夜成名。领导力之旅也是如此,这是一项非常艰巨的工作。

告诉员工要努力工作并不能真正地起到鼓舞作用。所以,我们换一个问题:如何让员工持续付出成功所需的努力?

来看一下那些成功的演员、体育明星或领导者,他们中有多少人不喜欢自己正在做的事情。实际上,你只能在自己喜欢的事情上出类拔萃;如果你喜欢自己做的事情,就可以持继不断地努力。在这一点上,你可能会对那些发自内心很喜欢去办公室工作的人感到惊讶。这可能暗示了哪些人在领导力之旅中有毅力和决心。

对新任领导者的考验可以看他们在多大程度上享受自己正在做的事情。

> 可能要付出20年的艰苦努力才能一夜成名。

 **练习 7.4**

你喜欢努力工作吗?

针对你目前在做的事情,回答以下几个简单的问题:
- 你每天早上期待去工作吗?
- 你在工作中感到精力充沛还是枯竭?
- 工作中的挑战令你兴奋还是沮丧?
- 你觉得自己在做有价值的事情吗?
- 你对自己的未来感到乐观还是恐惧?
- 在一天结束的时候你会感到疲倦和烦躁吗?
- 什么时候你觉得最享受?

每一位领导者的成功都是依赖于一定的大环境的。要确保在你的工作环境中,对于以上问题的回答都是正面积极的。

> 你只能在自己喜欢的事情上出类拔萃。

笔记:_____
_____
_____
_____

65. 学会领导

在旅程的终点我们又回到了最初开始的地方：确保我们问的和回答的都是正确的问题。你会发现很多人试图回答"什么是领导力"这个问题。这本身就是一个错误的问题，因为领导力是要看情境的，取决于你是谁，你处于什么情境。到目前为止，还有一个更有趣的问题："怎样才能学会领导？"如果你不能学会领导，你就不能领导别人。

正规教育可能在如何准备当一个领导者方面教了你错误的方法。雇主可能也没有给你这方面的帮助。学校教我们的是自己完成已经设定好的任务，并给出合理的答案。任何认为领导力是独自完成预先分配的任务并取得合理答案的人都将会非常失望。

商学院在这方面没有什么帮助，它们只能教授明确的知识，例如战略、财务和会计。你可以成为世界上最好的会计师，但是在领导能力方面却优柔寡断。领导力是一种隐性技能，要更多地知道如何做，而不只是知道做什么。隐性技能是可以自我习得的，而不是靠传授。商业培训也很少有帮助。商业培训一般侧重于下面其中一个方面：

- 技能。这是关于工作技能的，例如债券交易和审计实践。至少这些技能是实际的，而且学员很看重。
- 软技能。这是领导者们会逃之夭夭的培训领域。参加人员管理的培训课程，听起来就像自己的弱点被别人发现了一样：领导者很难在公开场合承认自己的弱点。同时，大部分培训课程的质量也给了他们足够的理由，一有这种培训他们的日程就被安排得满满的。

我们问领导者们是如何学会领导的，并给了他们以下几个选项：

书	课程
经历	榜样
同事	老板

没有人说他们是从书本或课程中学会的（也许是因为当时这本书还没有出版）。在这种结果下，整个领导力培训行业在虚张声势中消失了。

在实践中，你会从经历、老板、同事和榜样等多种渠道学习领导技巧和领导风格。你从负面例子学到的会和从正面例子学到的一样多。你会乞求、借用和窃取周围人的领导力 DNA，然后创建自己独特的领导力 DNA。

这一发现之旅是在各种经历和同事之间的随机游走。随机游走并不是通向领导力的最佳途径，你要能够构建和加速自己的个人发现之旅。这就是本书的切入点。它不是要对所有问题都给出答案：只有对你有用的答案才是好的答案。相反，本书给你提供了一系列的框架，来测试和帮助你更好地观察领导者是如何领导的，帮助你加速学习和发现的进程。

> 无论你的旅程是什么，尽情享受吧。

笔记：
_____
_____
_____

延伸阅读

图书

Baylis, Nick (2005) *Learning from Wonderful Lives*, Wellbeing Press, Cambridge
Bennis, Warren (1989) *On Becoming a Leader*, Addison-Wesley, Reading, MA
Briggs Myers, Isabel (1995) *Gifts Differing: Understanding Personality Type*, Davies-Black, Mountain View, CA
Carnegie, Dale (1994) *How to Win Friends and Influence People*, Hutchinson, London
Collins, Jim (2001) *Good to Great*, Random House Business Books, London
Covey, S (1992) *The Seven Habits of Highly Effective People*, Simon & Schuster, London
Hesselbein, Frances and Cohen, Paul M (eds) (1999) *Leader to Leader*, Jossey-Bass, San Francisco, CA
Holmes, Andrew and Wilson, Dan (2004) *Pains in the Office*, Capstone, Oxford
Huppert, F A, Baylis, N V K and Keverne, E B (2005) *The Science of Wellbeing*, Oxford University Press, Oxford
Johnson, Spencer (1999) *Who Moved My Cheese?*, Vermilion, London
Kotter, John (1988) *The Leadership Factor*, Free Press, New York
Landsberg, Max (2000) *The Tools of Leadership*, HarperCollins, London
Lees, John (2004) *How to Get a Job You'll Love*, McGraw-Hill, Maidenhead
Machiavelli, N (1961) *The Prince*, Penguin Books, London
Minto, Barbara (2005) *The Pyramid Principle*, Financial Times Prentice Hall, London
Nelson, Bob (2005) *1001 Ways to Reward Employees*, Workman, New York

Nelson Bolles, Richard (2004) *What Color Is Your Parachute?*, Ten Speed Press, Berkeley, CA
Owen, Jo (2005) *How to Lead*, Prentice Hall, Harlow
Owen, Jo (2006) *Management Stripped Bare*, 2nd edn, Kogan Page, London
Peters, Thomas J and Waterman, Jr, Robert H (1982) *In Search of Excellence*, Harper & Row, New York
Senge, Peter (1992) *The Fifth Discipline*, Random House, London
Sun, Tzu (2003) *The Art of War*, Running Press Miniature Editions, Philadelphia, PA
Timpson, John (2002) *How to Be a Great Boss: The Timpson Way*, Timpson Ltd, Manchester
Wiseman, Richard (2003) *The Luck Factor*, Arrow Books, London

《哈佛商业评论》

Cialdini, Robert (2001) *Harnessing the science of persuasion*, HBR OnPoint Collection
Gabarro, John J and Kotter, John P (1993) *Managing your boss*, May–June
Goleman, Daniel (1998) *What makes an effective leader*, Nov–Dec
Goleman, Daniel (2000) *Leadership that gets results*, Mar–Apr
Kotter, John (1999) *What effective general managers really do*, Mar
Zaleznik, Abraham, Mintzberg, Henry and Gosling, Jonathan (2003) *Your best managers lead and manage*, HBR OnPoint Collection

网站

Count Kostov (use and abuse of numbers): www.countkostov.blogspot.com
Desert exercise: www.wilderdom.com/games/descriptions/SurvivalScenarios.html
Keirsey (good detail on MBTI): http://www.keirsey.com/
Myers-Briggs: http://www.myersbriggs.org/
Nick Baylis (excellent on personal wellbeing): http://www.nickbaylis.com/
Self-testing psychometrics (free tests): www.similarminds.com
Self-testing psychometrics (part of British Psychological Society): www.psychtesting.org.uk
A fun site for personality analysis: www.colorquiz.com

译后记

"什么是领导力?"

基于我们华东政法大学领导力教育团队这么多年的研究和关注,似乎不应该再提出这样的问题。这本小册子已经是我们团队打造的"国际领导力经典译丛"的第三本译著了,《学生领导力发展手册》《领导力让世界更美好》都曾试图回答过这个问题。以数字化和网络化为基本社会交往方式的新型社会日渐形成,短、平、快已经成了当今社会主要交流方式的特点。本书中给出的答案更是绝妙:这是一个错误的问题。仔细阅读本书你会发现,因为领导力是要看情境的,取决于你是谁,你处于什么样的情境。作者将一系列领导技巧和领导风格归纳成具体的基本技能,形成一本手册。本书一经出版便一鸣惊人,被译成多种语言,目前英文版已经升级到第四版。

在此需要特别作出说明的是:本书英文版第一版中,作者总结了领导者必备的50项技能,至第三版时增加为65项,但副书名未作修改,仍然沿用"领导者必备的50项技能"。本书遵照英文版第三版的做法,亦未作修改。

感谢北京大学出版社刘秀芹编辑慧眼识珠,发现这本书并把它推荐给我们,让我们能够以一种更加"应景"的方式再次感受领导力。感谢好友杜少骏和刘雅静同学在本书翻译过程中的协助。所有的问题和不当之处皆因本人能力有限所致,敬请批评指正。

刘常庆

2018 年 10 月 20 日